불량육아

지 랄 발 랄 × 하 은 맘 의

불량육아

김선미 지음

RHK
알에이치코리아

Attention

작가의 입말을 그대로 담아 비속어와 거친 표현 가득합니다.
예의, 법도, 원칙, 도덕, 말투 따질 분들은 접근 금지!
알고 깨닫고 행동할 분들만 함께 갑니다.

하은맘의
불량육아 10계명

1. 내 아이는 정답이다. 아이의 모든 행동엔 이유가 있다.

2. 책은 밥! DVD는 반찬!

   나들이, 목적 있는 놀이는 디저트다.

3. 영어 포함 사교육 전혀 필요 없다.

4. 영어 최대의 적은 공포다.

   일단 '싫어하지만 말아다오'의 마음으로!

5. 한 달에 전집 한 질 들이기.

6. 애가 가져와서 읽어달랄 때 읽어주지 않으면,

   국내 최고의 전집도 소용없다.

7. 선 저축, 후 지출! 수입의 50% 강제 저축!

8. 내 책 1년에 50권 이상 읽기!

9. 엄청난 칭찬과 무한 감탄의 생활화!

10. 아이의 삶보다 엄마의 삶이 더 중요하다.

prologue

어게인 불량육아!

국내 최초 욕과 비속어가 난무하는 근본 없는 자백육아서!
〈불량육아〉의 시작은 이랬다.

"책 내보실래요? 블로그 우연히 봤는데 그날부터 잠이 안 와요."

"미쳤어요? 나 잡혀가요. 테러 작살일 거예요. 나 애 키워야 해요."

"괜찮아요. 세상 많이 바뀌었잖아요. 예전 같지 않아요."

"그럼 책에 '삐~!' 소리 넣어 줄 수 있어요?"

"-_-;"

"둥글리고 다듬어서 내자 그럴 거잖아요. 엣지 떨어져요. 싫어요."

"안 그럴게요. 가능할 거예요."
"아~ 몰라요. 안 할 거예요."

그렇게 출발했다.

엄마들이 너무 아프다. 매일 본다. 난.

내 직업이 사람 만나는 일이거든.

아무것도 안 가르쳐준 채 낳게만 해놓고

방패도 없이 맨몸으로 총알받이 하느라

엄마들 가슴 속 심장이 너덜거린다.

낳자마자 사기당한 느낌. 사교육 시장에 삥 뜯기는 느낌.

그런데 안 그러면 내 새끼만 낙오될 것 같아서

울면서 지갑을 연다.

내 돈 뜯기는 거 아니니까 조용히 내 아이만 잘 키우면 되는데,

아무도 안 시켰는데 나 혼자 괜히 주먹 쥐고 투쟁이다.

아무것도 모르는 어린 엄마들이 예전의 가엾은 나 같아서,

두고 볼 수가 없어서. 이 불치병 같은 오지랖!

정답, 원칙, 이론, 법도 따질 거면 책장 열지도 마라.

한 가지는 확실하다.

가장 현실적인 육아서. 아니 엄마 개발서가 될 거라는 거.

보면 한숨 나오고 욕 나오고 찢어버리고 싶은 육아서 말고.

위로만 하다 끝나는 육아서 말고.

이게 현실이거든. 해본 사람들은 알거든.

어차피 선행상, 공로상 받을 생각 추호도 없는 바.

한번 달려보자. 자, 나간다. 레알 솔루션~!

· · ·

그렇게 목에 핏대 세워가며 외쳐댄 지 벌써 8년이 흘렀다

그 사이 〈불량육아〉는 책장에 꽂아 놓을 새가 없는,

엄마들 옆구리에 껴진 채로, 식탁에 그냥 펼쳐놓은 채로,

김칫국물 튀어가며 울며불며 반복해 읽고 또 읽는 육아서가 되었다.

잘나서도, 잘해서도 아닌, 어쩌면 나보다 더 서툴고 후지고 찌질한

한 애미의 현실육아 고발서가 이렇게까지 수없이 회자되고 읽히며

사랑받을 줄이야.

수많은 엄마들이 동아줄처럼 붙들고 실천하며

육아 바이블, 인생 지침서로 여겨준 것을 알기에

절판 시점이 꽤 지났음에도,

출판사들의 끊임없는 재출간 요청에도,

다시 뭘 바꾸고 고쳐서 낸다는 생각을 하기 어려웠다.
거절하고 고사하고 잠수 타며 3년을 도망 다니다 붙잡혔다.

"엄마들 살려주셔야죠."
"안 낸다니깐요, 글쎄~"
"기다리는 독자들이 수천, 수만이에요."
"흠, 싹 다 뜯어고치자고 할 거잖아요! 다 쳐내고, 다 바꾸고, 어후~
팬들 싫어해요. 나도 싫고."
"〈불량육아〉 철학 절대 훼손 안 되게, 팬분들 절대 화 안 나게
잘 편집할게요. 〈불량육아〉 책 구하는 엄마들, 계속
중고 시장 기웃거리게 하실 거예요?"

아– 놔–
그래, 다시 한번 간다.
첫 출간 당시 초등 4학년이었던 꼬마 하은이는 이제 대학생이 되었고,
학과 공부와 취미 활동, 패션 사업 등을 병행하며 신나게 자신만의
삶을 디자인해 나가고 있다. 부럽게…
특히나 '집콕' 책육아의 강력함이 빛을 발휘하는 요즘 시국!
센터수업, 방문학습, 학원 등 각종 사교육은 물론이고,

심지어 기관, 학교까지도 문을 닫는 엄중한 위기의 시기를
맞닥뜨리고 보니,

하은이처럼 창조적으로 놀고 스스로 학습할 줄 아는 독서쟁이들이
날개를 펴고 훨훨 난다.

거봐. 내가 뭐랬어?

시국이 어떠하든 시대가 변하든

교육정책, 입시제도가 수십 번 바뀌든

'책이 기본'이라는 나의 육아철학, 여전히 변함없다.

그래서 더더욱 〈불량육아〉는 육아 입문서로 부족함이 없다는
확신이 든다.

오히려 10년 후를 내다본 듯,

모든 솔루션이 요즘의 혼란스러운 상황과 딱 들어맞으니

딱히 내용을 갈아엎을 필요도 없었다.

하은이랑 직접 보고 감동했던 최고의 전집 리스트 외에

요즘 인기 전집 리스트를 억지로 끼워 넣지도 않았다.

내가 경험해보지 않은 그 어떤 것도 담지 않았다.

스폰서, 광고를 허용하지 않는 내 지독한 고집 또한 여전하다.

· · ·

특별할 것 없는 삶이었고,

오히려 남부럽지 않게 우여곡절 많았던 내 삶…

그 녹록지 않은 여정에서 '부디 이것만은 꼭!' 하고 간절히 염원했던

내 육아의 최종 목표는 바로 이거였다.

'너만은 나처럼 불행한 착한 아이가 아니라

행복한 나쁜 아이로 커줘.'

딱 그렇게 큰 하은이를 본다.

스칠 때마다, 눈 마주칠 때마다 찡긋 윙크해주는 딸.

어떻게 이런 아이가 되었을까.

나에게서 어찌 이리 단단한 내면을 가진 인류가 만들어질 수 있었을까.

아직도 신묘하고 어리둥절하기만 한 이 결과의 묘수라면 묘수가

이 책 안에 다 들어 있다.

진짜 중요한 삶의 의미는 실패하고 나서야 제대로 보이거든.

쪽 팔리고 얼척없지만 다시 한번 그대로 까발린다.

자, 다시 간다. 레알 솔루션~!

contents

1장
하버드대 변명학부 합리화과에
재학 중인 엄마들에게

"애정이 격해지면 독설이 된단다"

2장
영어 때문에 돌아버리겠지?

"어떤 영어책을 사느냐보다
천 배는 중요한 게 애 처잡지 않는 거다"

3장
시작은 온몸으로
끝은 발로 하는 책육아

"사교육은 양약이고, 책육아는 한약이다"

4장

신발 신으면 돈지랄, 폰 잡으면 시간지랄

"검색질로 허송세월 보내지 마라"

5장
지구인 엄마는 육아가 힘들어

"이 시간 다신 안 돌아와.
힘들지만 참아. 조금만 더…"

1장

하버드대 변명학부
합리화과에 재학 중인
엄마들에게

66

애정이 격해지면

독설이 된단다

99

하은맘은
합리화과 수석졸업생

하루 종일 걸려오는 수많은 전화 중 대부분은 요딴 식이다.

"미칠 거 같아요, 언니. 어제도 애 잡았어요. 나 욕 좀 해주세요."

"무슨 일 있구나? 객관식이야. 5개 중 골라봐.

남편이랑 싸웠니? 시금치가 열받게 했어? 돈 빵꾸났니?

몸살 걸렸니? 생리 중이니?"

"헉! 어케 아셨어요? 1번이요. 근데 근본적인 원인은 2번이에염.

엊그제 쏴알라~ 쏴알라~."

"아 씨~ 그니까~ 왜들 그뤠~!! *$*%%&*(()^$%&%#@~"

누가 들으면 조폭 두 번째 두목이 막내 똘마니 훈계하는 듯한

육두연설이 한참을 오가고 약간의 눈물과 거시기한 감정들을 쏟아낸

그 친구는 편안한 마음으로 전화를 끊는다.

법정 스님처럼 무소유의 마음으로 모든 걸 내려놓고 살아가려고

배려를 베풀고 '~구나 구나 구나'를 뇌까리고자 두 주먹 불끈 쥐어보지만

온갖 잡다한 인간사에 휘말려 어이없게도

힘없고 순하고 가여운 내 자식만 쩨리고 윽박지르고 협박하고 족친다.

처음부터 그러는 건 물론 아니다. 나도 육아서 꽤나 읽은 눈인데,

나름 참고 참고 성령의 힘으로 또 참아보지만 어흑…

1절을 시작하면 안 되는 거였어. 1절이 2절 되고 3절 되고,

내 화를 내가 못 이겨 숨 헐떡거리며 36절을 노래하고 있는 미친눈.

집에 몰래카메라 달아났다면,

이 나라가 미국이었다면 체포되기 딱 적당한 상태.

나 그래도 배운 여잔데, 난 안 그럴 줄 알았는데…

울 엄마는 맨날 그랬었지만

난 정말 그러지 말아야지 4,000번쯤 다짐했었는데…

"움마~ 잘못했써여~ 안아죠요. 알라뷰~ 안 그러께여~

미안해여 움마~ 뽀뽀 쪽~"

눈물에 떡이 돼서 내 모가지에 매달리는 녀석을

매정하게 뜯어내면서까지 내 분을 풀어냈었다.

녀석이 무슨 잘못이라고, 그러지 말았어야

했어. 내 문제 때문에 내 상황 때문에 둘도 셋도

아닌 까꿍이 하나를.

그냥 엄마가 좋았던 건데, 엄마랑 놀고 싶었던 건데…

원래 서툴고, 관심받고 싶어 하고, 실수하고,

욕심내는 그냥 그 시기였을 뿐인데…

이래도 "원래 똑똑한 애겠지. 애가 하나니까 엄마가 그렇게 해줄 수 있는

거 아니겠어? 엄마가 말은 저렇게 해도 무지 똑똑한 사람일 거야.

영어도 잘하는 거 같구. 시엄니가 살림거들어주고 애 아빠도 도와주고

하은맘은 교육에만 올인했으니까 그렇지. 주변에 엄마표 같이 하는

친구들이 많았던 거 같구. 돈두 많은가 봐. 책 사 쟁긴 거 좀 봐.

난 돈 없어서 책육아 못하겠어"라는 말이 나오는가?

아마 하버드대 변명학부 합리화과가 있다면

다들 수석합격은 따 놓은 당상일 거다.

그렇게 합리화시키고 나면 마음에 평화가 오든?

그렇게 변명거리 늘어놓고 덮어놓으면 내 아이가 잘 자라는가 말이다.

중요한 건 내 자식을 잘 키우자는 건데.

난 위에 열거한 변명거리들 중 어느 것 하나

개코딱지 만큼이라도 해당되는 게 없는 여자였다.

난 소위 말해 팔자 드러운 논.

전생에 뭔 죄를 졌기에 어쩌다 동네 엄마들 만나러 나갔다가도

신데렐라처럼 5시면 집에 들어와 부엌데기 식모로 빙의해야 했고,

약식에 수정과에 김장을 담가대도

칭찬은커녕 눈치 속에 주눅 들어 살아야 했는지.

내 팔자가 서러웠고, 내 젊음이 가여웠고,

황소처럼 펄떡대던 삶에 대한 열정이 사그라져가는 게 슬펐다.

그래도 난 성인이니까 친구랑 수다로 풀고(물론 담날은 기분만 드럽지만),

하이트와 새우깡으로 풀고, 그 인간과 자근자근 처싸우며 풀고,

하다못해 미드라도 밤새 보며 체력의 한계에 부딪쳐 바닥 치고 올라와

'다시 해봐야지 인생 뭐 있겠어' 하며 다시 일상으로 복귀하곤 했었다.

그치만 그사이 귀하고 사랑스러운 나의 약한 아가는

애미의 불행과 고통을 아바타처럼 온몸으로 느끼며

본인이 겪은 괴로움이 뭔지도 모른 채

짜증도 심해지고 습관도 나빠지고 없던 아토피 증상까지 나타났다.

아이는 엄마와 한 몸이니까.

특히 여자아이는 그 애미의 기쁨, 슬픔, 고통을 그대로 느낀다는데…

내가 변명해봤자 한탄해봤자 불평해봤자

남는 건 황폐한 삶과 망가져 가는

하은이밖에 없었다.

불행한 내가 하은이에게 하는 교육, 희생,

행동들이 다~ 바람결에 흩어지는

풀뿌리처럼 느껴졌다.

애 6살 언저리였던가.

그때까지 그닥 해준 것도 없었지만,

모든 걸 내려놓기로 했다.

쓸데없는 활동들을 내려놓고, 만나던 엄마들을 내려놓고,

'학습'이라는 이름으로 나와 하은이를 옥죄었던 모든 걸 내려놓고,

상대적인 박탈감을 주던 화려한 온라인 속 이웃들을 삭제하고,

아빠의 참여, 엄마표 영어 등의 내용이

포함되어 있는 육아서들도 덮었다.

놀이, 품앗이, 독후활동, 체험, 습관 형성 등도 내 머릿속에서 삭제했다.

동시에 푸념도 변명도 합리화도 모두 내려놓았다.

행복해지고 싶어서. 하은이의 마음을 조금이라도 편하게 해주고 싶어서.

그 이유 하나였다.

결심이 서기 전까지의 고통과 혼란스러움을 되뇌어보면

애연가들 담배 끊기가 이보다도 힘들까?

뭔가를 하기보다 내려놓기가 수백 배 힘들다.

'희생'이라는 이름으로 가려진 '욕심',

'엄마표'라는 이름으로 변질된 '공부',

'소망'이라는 이름으로 왜곡된 '과한 기대'

그 이후, 얼마나 큰 평안과 여유로움과 자유가 찾아왔는지

난 5박 6일 동안 쉬지 않고 지껄일 수 있다.

기나긴 레이스에서 지치지 않고, 포기하지 않고 가려면

초반에 진을 다 빼서도 너무 힘들게 가서도 안 된다.

잘나고 부지런한 엄마표 육아 블로거들 보고 낙담하며

게거품 물고 쓰러져서도 안 된다.

내가 취할 건 취하고, 버릴 건 버리고,

할 만한 건 그날 바로 실행에 옮겨 환경을 바꿔주면 내 삶이 달라진다.

'안된다, 못한다, 힘들다, 외롭다'는 말 해봤자

인생, 절대 나아지지 않는다.

내 몸이 힘든 일, 무한한 희생이 필요한 일, 녀석을 힘들게 하는 일은

그 아무리 유명하고 대박이고 개나 소나 다 해도 난 하지 않는다.

난 소중하니까!

내 아이를
읍씨 키워야 하는 이유

하은이 초딩 때 걸어서 20분 거리 학교를 자전거 타고 등·하교했다.

외할아버지가 왕십리 가서 5만 원에 사다 준 중고 자전거를

러브러브 슝슝~ 미친 듯이 사랑해주며 밤이고 낮이고 타고 또 탔다.

한동안 자다가도 타고 싶어 눈물을 머금고 잠이 들었다.

자전거로 뒤따르는 할아버지 잘 오시라고 훈수까지 두면서

긴 생머리 휘날리며 아침 바람 가르며 달렸을

그 자전거 통학 첫날의 감격적인 통화가

아직도 내 귓가를 간지럽힌다.

녀석의 삶은 거의 모든 게 중고였다.

얻어 입히고, 물려 입히고, 장난감은 업어오고.

비싼 교구 전혀 없이도 하은이는 잘만 컸다.

고급 브랜드 스토케가 아닌 10살 많던 조카가 쓰던 꼬진 유모차로도

턴하는 데 팔 좀 빠질 거 같고, 접을 때 욕 좀 나오는 거 말고는

큰 문제 없었다.

리틀타익스 최신 세단 자동차는 아니었지만,

물려받은 지 10년 된 빼빼카 타고도 마냥 즐거워했던 까꿍 하은이.

다 쓴 애미 화장품 케이스 몇 개 던져주면

120만 원짜리 몽테크리스토 백작 교구 뺨 까게 한참을 갖고 놀았다.

"엄마처럼 화장하는 거야? 그랬쩌? 이뻐졌네~ 재밌어?"

하고 몇 마디 거들어주면

말도 빨리 트이고, 소근육이고 중근육이고 초특급으로 발달했다.

녀석은 내가 야심 차게 밤새 쥐시장 뒤져 사준 스텝2 장난감보다

칠성사이다 빈병 뚜껑 여닫기 단순 노무를 더 사랑했다.

뚜껑 열었다 닫았다 수천만 번 반복하다

먹던 튀밥 넣기 놀이 하다 발가락에 붙은 튀밥 떼어 먹고.

싱크대 속 끝내주는 장난감들이 한가득인데,

왜 꼭 원목으로 특수 제작한 비싼

싱크대 장난감을 사줘야만

좋은 엄마라고 생각하는 건지.

재활용 날 업어온 소꿉놀이로도

저리 잘 노는데

왜 꼭 비싼 소꿉놀이 싸게 건지겠다고 공구 카페 근처를 배회하는 건지.

내가 비싼 교구를 멀리하라는 이유는

그 교구 자체가 아이의 창의성을 망가뜨려서도 해로워서도 아니다.

비싼 걸 집에 들이는 순간 애미는

그에 상응하는 비싼 '기대'와 '바람'도 함께 들인다.

큰맘 먹고 10개월 무이자 할부로 긁고 집에 들인 그날부터

"움마, 어쩜 이렇게 나의 창의력을 폭발시킬 고급 교구를 사주신 거예요?

지금부터 종일토록 불꽃 활용 하겠어욧~!" 할 눔이 과연 있겠는가 말이다.

어마어마하게 비싸 보이고 멋들어진 교구를 어른월드선생님이

아름답게 두둥 세팅하고 가신 후로 한 개라도 건들다가

조그마한 교구 한 알이 장롱 밑으로 또르르 굴러 들어가게 했다간

애미의 서슬 퍼런 저주가 퍼부어질 게 뻔한데…

어찌 창의적으로 갖고 놀 수 있겠느냐 이 말이다.

며칠 예의상 갖고 놀다가 활용이 안되니, 애미인 난 도저히 못하겠고

78,000원씩 헌납하며 교구선생님 불러 활용시키게 되고,

그래야 쫌 아이 교육에 관심 있고, 아이를 방치하지 않는 파워 육아맘으로

등극할 것만 같은 착각에 빠져있는 엄마들.

비싼 교구선생님이 일주일에 한 번 와서 몇십 분 놀아주고 가면

그나마 비싼 교구들이 디피 용품으로 전락하지 않고

아이의 창의력과 양손 협응력, 오감 발달, 우뇌·좌뇌 자극에

미친 도움이 될 것 같지?

그 교구는 그 쌤이 가르쳐준 그 방법 한 가지로밖에 못 놀게 되고
결국 아이는 스스로 놀 수 있는 방법을 잊어가게 된다.
정말 방문하는 집집마다 몽테크리스토백작 교구 없는 집 없고,
오르다 내리다 풀세트 쟁여놓은 집 허다하고,
〈곰곰이〉 들여 환장하며 읽힐 4살 아들내미 전집 한 질 안 사주고
값비싼 금물 디피해 놓고 수업시키는 엄마들도 부지기수다.
현관 앞에 스토케나 퀴니 시리즈별로 알흠답게 '주차'해놓고
문 열어주는 집은 들어갈 때부터 한숨이 지하 암반수를 뚫는다.
왜 굳이 그래야 한다고 생각하는 걸까?
그렇게 해놓지 못한 집은 자신이 형편상 아이를 방치한다 생각하고
못나고 능력 없는 엄마라 생각하며 눈 밑이 검다.
스스로 생각하고 활용하고 심화하고 응용하는 능력들은
절대 그런 수업들로 길러지는 게 아니다.
'수업을 받아? 말아?' 고민하기 이전에 교구를 사지 말아야 하고,
그 이전에 영사의 띵동 초인종에 절대 반응하지 말아야 하며,
그 이전에 좀비 같은 영사 전화에 울남편이 몽테지국장이라고
구라를 치고 끊어야 한다.
그리고 넘쳐나는 육아 파워블로거, 육아 인플루언서들의
그 말도 안 되는 교구 퍼레이드와 요일별로 이루어지는 수업 페스티벌,
알록달록 이름도 쌔끈한 신상 장난감과 육아용품들에
가슴 벌렁거리지 말아야 한다.

이쁜 옷 입혀 교구놀이 사진 커트 커트 찍어 올려가며

느므나 효율적으로 활용하고 있는 듯 보이는 그 후기 사진들이

어디까지가 진실이고, 어디까지가 장사인지

한눈으로만 째려도 훤히 다 보이는데 왜들 그리 불안해 해.

하루 30시간을 쓸 수 있는 것도 아닌 민간인 아이와 애미가

그 많은 교구수업과 장난감과 센터, 방문수업 속에서

어찌 충분히 책을 읽히고, 빈둥댐 속에서 생각을 키우고 꿈을 키우고,

부족함 속에서 귀하게 얻은 소박한 장난감의 소중함을

느낄 수가 있겠는가.

현실성 제로의 삶에 왜 혼을 빼고, 부러움의 눈물을 흘리고,

자괴감의 나락으로 떨어지는가.

얼마 전 나들이 삼아 녀석이랑 놀러 간 월드컵공원 장터에서 건진

2,000원짜리 청바지를 입고도 날아갈 듯 행복해하던 하은이는

찌질한 동네 문방구에서 놀거리 2,000원어치를 고르기 위해

30분간의 극락의 행복을 누릴 줄 알고,

조카 유림이네 놀러가 둘이서 수수깡이랑 남은 색종이들 죄다 꺼내놓고

기상천외한 작품들을 만들어낼 줄 안다.

여름에 할아버지가 아파트 재활용 날 업어와

흰색으로 정성껏 칠해주신

유리 테이블에서 녀석은 오늘도 멍 때리다

그림을 그린다.

〈아바타 : 아앙의 전설〉 DVD를 보면서 들으면서.

여유롭다. 세상 부러울 게 없다.

난 수십 수백 비싼 교구 값을 6~7개월째 욕하면서 삥 뜯기는

생활이 아닌 10만 원짜리 대박 중고전집을 발견하고

그 순간 바로 현금 결제할 때의 개운함을 느끼며 산다.

교구수업, 학원과 함께 병행해서는 절대 책육아 성공할 수 없다.

녀석이 밝은 이유는

녀석의 낯빛이 환한 이유는

시간에 쫓기고, 숙제에 쫓기고,

진도에 쫓기고, 테스트에 쫓기고

쏟는 만큼 기대하는 애미의 부담에 쫓기는

여타 아이들과는 다른 삶을 살아서가 아닐까?

잠만 잘 자도
육아가 쉽다

육아서 초반에 있는 멘트들을 보면,

내 아이의 보드라운 살냄새만 맡아도

눈물이 날 거 같지 않아요?

　└ 아뇨. 토 나와요. ¯_¯;

내일은 또 아이와 무슨 놀이를 하며 놀지

기대돼서 잠이 오지 않아요.

　└ 애가 '일루 와, 여기 봐봐' 할 게 무서워 잠이 오지 않아요. ¯_¯;

아이는 내 인생 최고의 선물이었어요.

　└ 이럴 줄 알았으면 안 받았어요. ¯_¯;

아이의 눈부신 성장과 발달을 볼 때마다

가슴이 뛰고 눈물이 나요.
 └녀석의 눈부신 에너지와 발광 때문에 입에서 욕이 나와요. -_-;

왜 난 그런 마음이 안 생기냐구. 난 모성이 아예 없는 여자인 거냐구.
애를 낳지를 말았어야 하는 인간이었냐구. 으아으아~
애가 발광하고 매달리고 놀아달랄 땐 정말 지구를 떠나고 싶다가도
애가 혼자 슬피 놀다 꽥~ 하고 잠이 들면
갑자기 미친 듯이 미안해져서는 자는 애 흔들어 엄마가 잘못했다고
내일은 재미나게 놀아주겠다고 손가락 걸구 지 혼자 약속하고,
괴로움에 몸서리치다가 잘 놀아주는 미친 놀이 블로그 뒤지며
놀거리들 수첩에 적다가 새벽 3시에 잠들어 다음날 개피곤해서
또 애 잡고, 저리 가라 그러고. 흑~
이유를 몰랐다. 내 승질머리가 못돼 처먹어서 그러는 줄만 알았다.
이유는 단 하나였다. '애미가 잠을 안 자서! 잠 안 자고 뻘짓 해서!'
물론 애 꽥 잠들고 나면 그 새벽에 그 여유가 너무너무 귀하고 아까워서
졸린 눈 까뒤집어가며 뭐라도 하고 싶지. 나도 그 마음 잘 안다.
쉬시장이라도 뒤적거리고, 케이블 틀고 밀린 드라마라도 내리 봐줘야
낮 시간 젖소, 식모, 도우미로 전락했던
내 자신에 대한 보상이 이루어지는 거 같겠지. 나도 그랬으니까.
잠이 보약이라는 이비에쑤 캠페인녀가 되려는 거 절대 아니다.
지난 10년간의 육아 인생을 돌이켜보니

애미가 피곤하고 잠 못 자고 배고프면

〈엄마학교〉를 읽은들, 기가 막힌 전집 족보를 꿰찬들 아무 소용 없다.

교육자료 뒤지느라 날밤이라도 깐 날은 신경세포의 예민지수가

10만 데시벨을 넘나들며 날카로워질 대로 날카로워져

다른 날이면 그냥 넘어갈 녀석의 실수들이 죄다 나의 뇌간을 건드린다.

전날 읽은 육아서에서 '혼내는 부모가 자식을 망친다'는

호러블한 문구를 떠올리며 죽을힘을 다해 참아보지만

그닥 오래 버티진 못한다.

"하은아앙~"에서 사시미 눈에 라#으로 올라간 목소리로

"최!하!은!"을 외치며 정신줄을 놓는다. 변.신.

졸릴 때 소파에 누워 잠깐 쪽잠이라도 잤어도,

컴퓨터 끄고 TV 끄고 잠만 잤어도 내가 그러지 않았을 텐데…

지금 땅을 치고 후회한들 무슨 소용이 있어.

애 DVD 틀어주고 드러누워 육아서 한 페이지라도 보다 쪽잠을 자는 게

애 잘 키우겠다고 밤새 인터넷 파도타기 하는 것보다 백 배는 낫다.

잘 생각해보면 잠을 푹 잘 잔 날은

녀석이 바닥에 우유를 쏟아도,

밥에 물을 왕창 부어도,

만나는 모든 이웃에게 인사 안 하고

머저리같이 굴어도 용서가 됐다.

최상의 컨디션으로 내 자식을 보면

그 아이가 지나가며 흘리는 엉뚱한 말에

호통이 아닌 감동으로 답할 수 있고,

멋들어진 엄마표 교구가 아닌 포스트잇에 찍찍 갈겨 쓴 한글카드로도

더 쉽게 놀아줄 수 있다는 걸 알게 된다.

난 나중에 나이 들어 꼬부랑 할머니 되면 동네 육아방범대장이 될 거다.

특수 보청기 끼고 온 동네를 싸돌아다니다가

애 잡는 집을 발견하면 띵동~! 누르고 튀어 들어가

"네 이놈, 시끄럽고! 내 눈을 바라봐! 레드썬~!" 하고

최면 걸어 그 애미를 바로 재워버릴 거다.

푹~ 자고 일어나면 애가 왜 그러는지 짜증을 왜 내는지

눈 뜬 소경처럼 이유가 보이고,

아이가 원하는 게 뭔지 본능적으로 느껴지거든.

그리고 육아서 3권을 손에 쥐여줄 거다.

〈엄마 수업〉〈배려 깊은 사랑이 행복한 영재를 만든다〉

〈당신의 아이는 원래 천재다〉

일주일 동안 아무것도 하지 말고, (애 밥만 챙겨주고)

이 책 3권만 줄 치면서 읽고 독후감 제출하라 그러고

어길 시에는 벌금 2,000만 원을 뜯어가는 거다.

그 말을 듣지 않으면 나라에서 공권력을 투입하는 거지.

'올드보이'처럼 수갑 채워 철장에 가둬 군만두만 넣어주고.

(그럼 아마 옆 감빵엔 하은애미가 이미 수감 중일 테지. -_-;)

애가 발광하고 매달리고 놀아달랄 땐 정말 지구를 떠나고 싶다가도

애가 혼자 슬피 놀다 쩍~ 하고 잠이 들면

미친 듯이 미안해져서 내일은 재미나게 놀아주겠다고

손가락 걸구 약속하는 못난 애미!

애 잘 때 나도 자자. 잠만 잘 자도 육아가 쉽다.

애를 낳았으면 잘 키워야 한다.

풀 뜯어 먹고, 잔디부침개를 부쳐 먹고 살아도

적어도 3년은 엄마가 키워야 한다. 애 키우는 게 힘들어서 디지겠다구?

잠만 푹~ 자도 육아가 쉽다.

애 잘 때 같이 디비져 자라니깐~! 그럼 덜 힘들다니깐~!

청소기는 일주일에 2번, 빨래는 주 1회, 설거지는 하루에 한 번,

반찬은 2가지로 통일! 내 인생에 국, 찌개는 읍써!

한국인 나트륨 섭취의 원흉이 국, 찌개인 거 몰라?

그럼 뭔 낙으로 사냐구? 책을 읽어봐.

얼마나 재밌고, 가슴 뛰고, 흥분되고, 하루하루가 아까워지는데…

몇 년 전까지만 해도 육아서 한 권 읽는 데 한 달 걸리던

초특급 슬로우 리더 하은맘. 지금은 미친 듯이 빨라졌냐구?

아뉘, 그럴뤼가.

젊은 날 책 한 권 제대로 안 읽던 평범한 날라리녀가

몇 년 만에 속독이 되겠냐구.

살기 위해서 죽기 살기로

읽는 거지.

멋지게 살기도 아냐.

그냥 사람답게 살기 위해서.

난 그냥 눈만 한번 깜~빡 했을 뿐인데

요랬던 까꿍이가 이렇게 됐어.

내 참 어이가 없어서. 아이구…

애 때문에 잠 못 자고, 제대로 못 챙겨 먹고,

난 죽을 만큼 힘들게 애 키웠다고

과거 나처럼 훈장 삼아 이야기하는 엄마들 정말 많이 봤다.

그런 엄마의 희생으로

애를 잘 키워야 한다고 강요하는 육아서들은 더 많이 봤다.

아~~ 됐고! 시끄럽고!

각자 알아서들

최선을 다해 자고, 최선을 다해 먹고,

최선을 다해 선크림과 아이크림을 처바르고,

최선을 다해 읽기만 해라!

그럼 내가 지금 당장 무얼 해야 하는지 보인다.

길이 열리고, 삶이 열린다! 얼쑤!

사회성 핑계로 애 끌고 다니지 마라!

이 땅에 반항기(18~36개월) 자식을 키우고 있는 애미는

아무 데도 가면 안 되고, 어느 누구도 만나지 말아야 하며

애가 드러누워 행패를 부릴 만한 곳엔 아예 얼씬도 하지 말아야 한다.

내 자식은 그냥 또라이 짓을 일삼는 똘끼 충만 비행 까꿍이니께.

그냥 배 아파 낳은 지 애미만 감당할 수 있는 음… 뭐랄까? 날.짐.승?

빠른 애는 16개월부터 시작해서 1년에서 1년 반가량 지속되는데

아주 가~관이다.

하은이 반항기 때는 정말 남부끄러워서 살 수가 읍쓸 지경으로

그냥 '우리 아이가 달라졌어요'에 출연시키면

시청률 대박 터질 만한 케이스였다.

말 드럽게 안 듣고, 보이는 건 죄다

"내 꺼야~! 니 꺼도 내 꺼야~! 만지지 마!" 하며 악을 악을 쓰고

'사이즈 무관~ 은근 참젖 18개월 공급시스템' 덕분에

미쉐린 팔다리로 가는 곳마다 만나는 친구마다 이리 밀치고 저리 밀치니

밀려서 나뒹군 애는 하은이가 지 때렸다고 울고불고.

그 소리를 들은 하은애미는 눈깔이 삥~ 돌아가 녀석 팔뚝 질질 끌고

그 집 화장실로 들어가 세상에서 제일 호러블스러운 사시미 눈으로

애를 족쳤더랬다.

"너 왜 친구를 때려? 엄마가 그렇게 가르쳤어? 왜 말로 안 하는 건데?

엄마가 몇 번을 말했어? 왜 엄마 욕먹게 만들어? 왜!"

생각만 해도 얼굴이 화끈화끈하다.

그냥 애가 그런 시기였을 뿐인데…

"어우~ 저 언니는 책육아 한다면서 애가 왜 저렇대?

인성교육 좀 제대로 시키지.

그럴 거면 책은 뭐하러 읽혀. 쯧쯧쯧…" 그러는 것만 같았다.

내가 욕먹고 손가락질받을까 봐 겁이 났었다.

집에서 책 읽고 잘 놀고 있는 애 이쁘장하게 입혀 내가 데리고 나가놓고,

친구들이랑 사이좋게 놀라고 윽박지르고 다그치고,

인사 안 하고 문디자슥마냥 쌩 까고 다니면

눈으로 레이저 광선검 휘두르며

애 가슴 속 깊은 곳에 내적불행을 한 땀 한 땀 수놓고 살았으니…

으어~~~~~~억! 내가 왜 그랬을까. 내가 그때 왜 그랬을까.

내 자식 반항기 땐 친정 놀러 가는 것도 조심해서 가야 한다는

푸름아버님의 말씀을 국 끓여 먹은 겐가.

다시 한번만 그때로 돌아갈 수만 있다면 반항기 언저리 때는

정말 아무 데도 안 나가고 집에서 둘이서만 지지고 볶으며,

책 읽어주고 놀아주고 눈 맞추고 할 건데… 아흑!

초등학교 입학 전에 아이가 갖춰야 할 진정한 사회성은

애미와 자식, 단둘만의 긴밀한 애착! 그거면 땡이다.

습자지 한 장 통과하지 못할 정도의 빡빡한 애착이 둘 사이에

맺어져 있지 않는 한 죽었다 깨나도 온전한 사회성은 심어줄 수 없다!

옆집 엄마와 친구 말만 주워듣고 애 사회성 키워주겠다고

이 애 저 애 만나게 하고, 이 모임 저 모임 끌고 댕기지 마라.

애 인생 망치고 싶거든 모임 다니고,

요일별로 이 엄마 저 엄마 만나고 다니고,

센터 찾아다니며 유아발레, 요리 수업 듣게 하고,

그걸로 부족하면 퍼포먼스 미술, 영재 수업까지 데리고 다녀라.

애 제대로 후져진다.

남들이 다 시키니까 어영부영 나도 시키는 것만큼 빙신 짓이 또 어딨는가.

하루 종일 애한테 치여 놀아주고 치우고,

돌아서면 또 어질러져 있고 또 치우고…

그래, 죽겠지? 숨 막혀 죽겠고, 답답해 죽겠고,

애랑만 얘기하니 바보가 되어가는 거 같고.

바람도 쐬고 싶고, 맛있는 것도 먹고 싶겠지. 나도 그랬으니까.

애 사회성이 아니라 내 사회성 때문에

유리드믹서기, 잼보리도 한두 달 다녀봤으니까.

마음 맞는 엄마 누구 없나 기웃거리고, 누가 나한테 말 한마디 걸어주면

유전 터진 듯 침 질질 흘려가며 초 디테일급으로 자상하게 날 소개하고,

미친 경청 모드로 그 엄마에게 나랑 사귀자는 눈빛 광선을 쏘아대며

수다 떨다가 잘 참고 놀아주던 하은이가

"움마, 나 줌 봐봐~ 움마~" 하고 매달리면

괜히 애 입에 마이쭈, 멘토스 쑤셔 넣어주며 외면했었다.

내 앞에서 나와 얘기 나눠주는 그 엄마가

내 인생의 동반자가 될 것 같았고,

나의 외로움을 씻어내 줄 것만 같았다.

좀비 같은 내 자식은 잠시 밀어둔 채…

헌데 그때 만난 엄마들 중에 지금까지 만나는 사람 단 한 명도 없다.

이런 이쁜 모습 바라보고, 안아주고, 뽀뽀해주기도

바쁜 시간이었는데…

설거지하는 잠깐 사이 문간방 서랍 죄다 뒤져

엉망을 만든 하은이를 엄마 왜 힘들게 하냐고

족치면 안 되는 거였어.

이쁜 옷 입혀 자연광 한껏 받으며 초특급으로

쨍하고 이쁘게 나온 사진보다 시골집 여섯째 마냥 나온 촌스런 사진이

백만 배쯤 이쁘고 사랑스럽고 소중한 건데… 흑흑…

그나마 육아의 큰 벽에 부딪힐 때마다 육아서를 뒤적였기에

호된 자책과 쓰라린 반성 후에 다시 집으로 돌아올 수 있었고,

녀석의 눈으로 시선을 돌릴 수 있었다.

쉽지 않은 길. 너무 쉽게만 가려 하면 결국엔 쉽게 무너진다.

내 자식이 뜨거운 반항기의 칼날을 건너고 있다면

애미는 녀석의 널뛰는 감성과 고집에 맞춰

미친논 칼춤 추듯 같이 너울대면 되는 거다.

내가 알고 추는 춤과

이노무 자슥이 왜 이 지랄인지 모르고 추는 춤은 천지 차이다.

육아서를 읽다 녀석의 눈빛을 보면 난 그냥 눈물이 난다.

잘해주지 못해 미안해서.

몰라서 못 했던 반응들, 몰라서 내쳤던 녀석의 간절한 구애의 행동들.

'엄마, 더 많이 사랑해줘. 날 봐줘.

엄마 사랑이 더 고프단 말이야.

다른 사람 보지 말구. 다른 사람이랑 통화하지 말구.

나 좀 바라봐줘. 제발…'

애 아프다고 뻥까고 내일 엄마들 마실 약속을 취소하는 전화 한 통이,

센터 수업을 취소하고 홈스쿨 선생님을 물리치는 전화 한 통이,

내 자식의 미래를 바꾼다.

그 시간에 어서 먼지 쌓인 육아서를 펴고 줄을 쳐라.

한 줄 한 줄 가슴을 칠 것이니…

반항기를 둘이서 슬기롭게 잘 이겨내면,

둘만의 강한 애착으로 무법자 시기를 지혜롭게 잘 극복하면,

사는 게 너무 재밌다는 행복한 아이가 어느 날

"아임 유어 도럴~!" 한다.

나가지 마라.

나들이 내 애랑만 다니기 운동

끼리끼리 몰려다니지 말어.

그래야 뭘 봤는지 뭘 느꼈는지 기억에 남는다.

삼삼오오 이 엄마 저 엄마랑 같이 다녀봤잖아.

나랑 하은이만 후져 보이면 안 되니까 전날부터

달랑 한 벌 있는 애 블루독 티 빨아 선풍기로 겨우 말려놨는데

옷장을 보니 입고 나갈 내 옷이 없다. 난 그동안 발가벗고 다닌 건가.

나들이 날 아침부터 애 챙겨~ 나 챙겨~ 밥도 제대로 못 먹이고

애는 꼭 그럴 때 바빠 죽겠을 때 책을 읽어달란다.

당연 쿨하게 무시해주고, '얼른~ 빨리~ 서둘러~ 인나~ 움직여~쏭'

불러가며 애를 자분자분 족쳐서 나가니

나들이의 시작부터가 멘붕이다.

나름 야심 차게 창의력을 도모하고 상상력이 풍부한 아이로 키우겠다고

박물관, 미술관 체험관을 가면 뭐하냐고.

이놈 쉬야시켜~ 저놈 안 걷겠다구 울어대~

뭘 봤는지, 뭘 체험했는지 당최 정신이 한 개도 없고.

생애 처음으로 놀러 간 아쿠아리움에서는

엄마들 만나 이동하고 밥 먹고 줄 서고 기다리다가 진을 다 빼서는

애가 입장하자마자 기절초풍 잠들었다 나올 때쯤 홀딱 깨서는

저 왕게 무섭다구 사람 많은 데서 울어대다 쫓겨나고.

저녁까지 외식하고 피곤에 절어서 택시 타고 집에 오자마자 떡실신~

고롤 때 녀석은 꼭 책 가져와서 읽어달라고 진상 떨거나

마시던 포도주스를 이불에 흘리거나 뛰다가 처자빠진다. 순.간.변.신!

난 누구인가. 여긴 또 어디인가. 난 오늘 종일 뭔 짓거리를 하고 온 겐가.

차라리 애랑 집에서 디비져 놀다가 책 읽다가 동네 순례나 하고 올걸.

뭘 보겠다고, 뭐 얼마나 대단한 걸 보여주겠다고,

돈 쓰고, 애 잡고, 시간 버리고.

애 때문에 만난 엄마들이 뭔 소울 메이트라도 되는 양

그들의 스케줄에 맞춰 싸돌아다녔던 건지.

그러면 안되는 거였다. 나들이는 나랑 애랑만 갔어야 되는 거였다.

나도 체력 되고, 애도 몸 상태 괜찮은 날. 그냥 즉흥적으로!

그냥 집에서 입는 옷 입혀서 선캡 하나씩 딱~ 쓰고,

비주얼이 넘 구려 쪽팔리면 선글라스 하나 딱~

쓰면 되는 것이고, 애 잠도 푹 재우고 나서,

밥통 끌어안고 애랑 배 터지게 먹고 나서.

애가 좋아하는 책 몇 권 에코백에 챙겨 버스카

드 한 장 달랑 들고 슝~ 가면 되는 거였어.

가능하면 카메라도 놓고 가면 좋고…

("거기 좀 서봐봐. 움직이지 말라니까!" 내가 그랬다.)

버스를 타고 가야 까꿍 하은이랑 창밖으로

보이는 풍경도 같이 구경하며 조잘대고

끝말잇기도 하고,

간판 글자 같이 읽으며 한글 떼기도 연습하고

폭풍 칭찬 하면서 궁딩이도 두들길 수 있었다.

공짜여서 좋았던 서울역사박물관,

야외 뱀미끄럼틀 타는 맛에 수시로 갔던 서대문자연사박물관,

물놀이터가 잘 되어 있던 보라매공원,

인터넷에서 공짜 티켓 다운받아 놀러 갔던 코엑스 캐릭터 전시회,

입장료 완전 쌌던 부천 물박물관, 생태박물관 등.

모두 녀석이랑 나랑만 갔던 입장료 거의 없거나 저렴한 곳들이다.

밥 든든하게 먹고 가서 밥값도 안 들고,

같이 다닐 무리들 없으니 시간 구애 안 받고,

녀석이 다리 아파하면 가까운 벤치에 앉아 한참 쉬어도 되고,

둘이 원기 회복하면 또 돌아다니고…

정말 신기하게도 녀석이랑 둘이 다녔던 곳들만 기억에 남는다.

그때 한복 입히기 놀이 앞에서 녀석이 재잘거렸던 말들도 또렷하고,

바닥 분수 무서워서 못 들어가고 한참을 망설이다가

작은 두 주먹 꼭 쥐고 토독토독 뛰어 들어가던 뒷모습도 아련하다.

사실 그런 그야말로 '나들이'는 1년에 몇 번 못 갔었고,

녀석이랑 동네 싸돌아다니는 게 일이었다.

같이 두부 사러 슈퍼 가고, 세탁소 옷 찾으러 가고,

잠 안 온다구 밤 10시 넘어 놀이터 가고, 앵앵 울어대던 녀석 처네로 업고,

미친놈처럼 온 동네 싸돌아다니며 불러줬던 노래가 더 가슴에 녹아난다.

10년이 훌쩍 지나 되돌아보니, 동네 친구 없이 외톨이로 싸돌아다녔던

후진 나들이가 지금의 하은이를 만들었고,

친구들 쏘나타 끌고 마트 순회 다닐 때 360번 초록버스 타고 다녔던

우리 팔자가 상팔자였다.

물론 이쁜 녀석 데리고 다니는 것만으로 행복했지만,

더 귀여워하고 더 낄낄대고 더 쓰담거리며 오지게 느끼고 즐겼어야 했다.

그게 얼마나 행복한 순간이었는데…

지금은 차도 끌고, 애도 커서 안을 일도 전혀 없지만

여전히 둘이서 다닌다.

어쩌다 맘 징허게 맞는 친구 한 팀만 같이.

떼거지로 몰려다니며 애 잡는 엄마들 볼 때면

과거 내 모습과 오버랩되면서 안타깝고 불쌍하고 측은하다.

제발 내 자식만 데리고 다니자.

매주 싸다녀야 한다는 강박관념을 버리고 한 달에 한 번을 가더라도

싸우지 말고, 애 잡지 말고, 맘 먹고 멀리 멋지게 차려입고 다닐 생각 말고,

집 근처 뒷산, 가까운 공원이 애벌랜~ 뻥 깐다는 사실을 빨리 깨닫자.

연간회원권 끊어 아쿠아리움, 놀이공원 다니며 돈지랄할 시간에

집에 꽂혀 있는 자연관찰 전집 열심히 읽어주고,

공원 화단에 집 지어놓은 거미, 달팽이, 매미 관찰하자구.

기념사진 찍을 시간에 내 자식의 이쁜 눈웃음을 가슴에 찍고,

기름 버리지 말고 버스, 전철 타고 다니며 말놀이의 즐거움을 탐닉하고,

스마트폰 쥐여주고 눈알 빠뜨리지 말고,

미니북 몇 권 들고 다니며 야외에서 책 읽기의 새로움을 느끼게 해보자.

나들이의 본질을 깨닫자.

엄마표 놀이가
뭔 줄이나 알아?

엄마표 놀이란 게 밤새 유명 파워블로거 포스팅 삽질 탐독하여

담날 문방구에서 재료 사다가 애 잘 동안 하나도 쉬지 못하고 준비해

포스팅 순서대로 놀아주고, 아니 체험시켜주고 사진 찍고,

또 쫌 만지작거리게 해주다가 정작 의도대로 안되고 애먼 짓거리 하면

"잠깐, 하은아~ 그거 만지지 말구 이걸 접으라니깐"

"사진 찍게 들고 있어 봐. 엄마쪽 보라니까안~ 그거 만지지 말구 쪼옴~!"

그러는 게 엄마표가 아니었는데… 흑흑…

엄마표 어쩌구 이름 붙여진 책에는 죄다 고론식으로 놀아주라고 난리고,

'엄마표'와 '놀이'로 검색되는 카페와 블로그에는

고급 티 입힌 매꼬롬한 아가들이 너무나 완벽한 스토리라인에 맞추어

물감놀이, 찰흙놀이, 교구놀이, 미술놀이 뭔 놀이 뭔 놀이들을 하고 앉았다.

나두 그래야만 할 거 같았다. 헌데 난 왜 안되는 거야! 왜!

어떻게 저 까꿍이들은 한 치의 흐트러짐도 없이

끝까지 놀이를 진행해내는가.

저 엄마는 저 많은 준비물을 언제 다 준비한 건가. 친정이 문방군가?

저 애들은 흘리지도 망가뜨리지도 않는 홍길동의 후예들인가?

끓어오르는 승질은 도대체 어떻게 잠재운 거지?

과연 친모들이 분명한가?

그게 노력 대비, 투자 대비, 아이의 삶에 큰 의미가 없다는 것을

깨닫기까지 참 많이도 돌아 돌아왔다.

많이도 잡고, 족치고, 다그치고, 서두르고.

차라리 안 했으면 혼낼 일도, 눈 부라릴 일도 없었을 텐데…

잘 놀고 잘 지내는 착한 녀석에게

괜히 더 잘 키우겠다는 어쭙잖은 내 욕심에…

남에게 나 이렇게 잘 키운다 보여주고 싶은 마음에…

누구는 그런다.

"언니는 정말 부지런히 하은이랑

놀아주고 다양한 거 경험하게 해주고.

이것저것 만들어줘서 애가 그렇게

똑똑하게 큰 거예요.

난 그렇게 죽어도 못해요."

사실 전엔 딱히 뭐라 대답을 못 했었다. 허나 지금은 안다.

차라리 그런 놀이들을 하지 말았어야 돼.

녀석 그냥 뻘짓하며 머저리같이 놀게 놔뒀어야 했어.

그 뻘짓거리 와중에 빛나는 녀석의 눈빛과 씰룩거리는 입을

내 눈에 내 마음에 찍어뒀어야 했는데…

시간에 구애받지 말고, 말도 안 되는 과정샷에 얽매이지 말고,

아이가 하고 싶은 대로, 원하는 대로 기다려주고

호응해주면 되는 거였어.

'완성작'이라는 게 사실 까꿍이들에게 뭔 상관이 있겠는가.

애미의 만족이지.

맨날 의미도 없어 뵈는 그림들 100장씩 그려서는

이것도 붙여달라~ 저것도 걸어달라~

졸라 대던 녀석.

인테리어 망친다고 안방 구석탱이

잘 안 보이는 곳에만 붙여주었다. 으이구~.

녀석의 말도 안되는 작품나부랭이들로 온 집안을 떡칠해줄걸.

정체도 알 수 없는 요상한 그림들 애 안 볼 때 몰래 버리지 말고

현관에 거실 전면에 당당하게 붙이고 1년 열두 달 사생대회 열어줄걸.

어디 좋은 미술수업 없나 기웃거릴 시간에

문득문득 보이는 녀석의 날것 그대로의 천재성에 관심을 기울일걸.

그게 진정한 엄마표였는데…

미안해, 하은아.

더 많이 감탄해주지 못해서 더 많이 흥분해주지 못해서.

네 낙서와 후진 그림이, 철자법 다 틀려 쓴 네 편지가,

굴러다니던 종이랑 실이랑 테이프로 만들었던

이상한 물건들이,

엄마에겐 소중한 작품이고, 귀한 완성품이었는데…

아니, 네 존재 자체가

엄마에겐 형용할 수 없는 최고의 작품이란다.

사랑해.

책육아의 '책'이
바로 '엄마책'이었어

애를 낳고 키우면서 내 인격이 이렇게 바닥인지 처음 알았고,

승질머리가 이렇게 더러운지 처음 알았고,

인간이 입 밖으로 내뱉을 수 있는 사악한 말이

이토록 많다는 것도 처음 알았고,

내가 그쪽 분야 모태 전문가였다는 사실에 소스라치게 놀랐었다.

반성, 다짐, 각오, 지랄, 발광, 폭발, 또 반성, 또 다짐, 또 각오…

4,500번쯤 반복하는 내 모습을 보면서

날 낳고도 울 엄마가 미역국을 드셨을까 생각했었다.

육아보다 더 힘들고 고통스러운 수행이, 고행이 또 있을까?

나만 힘든 거 같고. 나만 힘든 이유를 내가 아닌 내 주변에서 찾으려 했고,

나보다 편하게 애 키우는 친구들을 보면

쟤는 뭔 복이 많아서 저리 편하게 사나

한탄하고, 괴로워하고, 스스로 들볶기를 수백 날…

책육아가 전혀 안되어진 채로 길러진 내 머리와 감성으로는

아무런 답이 나오지 않는 바,

더불어 그 답 좀 찾아보자고 만난 동네 마실맘들은

그 머절함이 니나 나나 그놈이 그놈인 바,

결국 육아서를 찾아 뒤지기 시작했다.

내 괴로움을 조금이라도 해결해 줄 수 있는

코딱지만큼의 실마리라도 보이는 책들은

모조리 사 모아 읽기 시작했다.

〈모든 아이는 무한계 인간이다〉 으윽~~~,

〈아이가 나를 진짜 미치게 할 때〉 크어억~~~

〈믿는 만큼 자라는 아이들〉 헐~~~, 〈아이 마음속으로〉 흑흑…

영재에 관한 책, 엄마표 학습에 관한 여러 책들에서도

난 방법이나 기술, 그들만의 족집게 같은 기가 막힌 묘안들보다는

그 엄마들이 과연 육아라는 링 위에서 부딪히는

크고 작은 문제들에서 자신의 감정을 어떻게 추스르고

어떻게 극복해갔는지 오로지 그걸 찾아 헤맸었다.

그래서 푸름아버님이 쓰신 책은 나에겐 성경책이었고

〈엄마학교〉가 교과서였으며, 〈내 아이를 위한 감정코칭〉이 지침서였다.

육아에서 정말 중요한 건 방법이나 기술이 아니라,

마치 날 괴롭히기 위한 목적으로

이 땅에 투하된 특수공작원과도 같은 내 자식과 겨루는

치열한 게릴라전에서 서로 피 철철 흘리지 않고,

어떻게 하면 무난하게 서로를 인정하며

잘 살아갈 수 있는지를 고민해가는 과정이다.

결국 내 아이를 양육하는 게 아니라,

제대로 양육되어지지 않은

나 자신을 양육해가는 과정이 육아다.

"노력은 성취와 변화를 위한 필수과정이지만,

필연적으로 고통을 수반한다."

내 사랑 박경철 님의 책 〈자기혁명〉 중 일부다.

정말 이 세상에 쉽게 얻어지는 성취와 변화는 없다.

특히 아이를 키우는 일에 있어서는 더더욱.

내가 애쓰는 만큼 노력하는 만큼 딱 그 만큼만 내 아이는 큰다.

'쉽게 가자! 육아'

그 말은 그 어떤 노력도 하지 않고 날로

먹자는 말이 아니다.

내가 중요하게 여기는 한 가지에 몰입하

고 매진하기 위해 그 이외의 다른 것들은

모두 내려놓아야 한다는 깊은 뜻이 숨어 있다.

그리고 그 한 가지를 위해 고통을 감내하고, 애쓰고, 노력하고
다시 힘내고, 참고, 기다리며 저 멀리 있는 종착지를 향해
쉼 없이 가야 한다.
이왕이면 즐겁게… 고통스럽지만 신나게…
이율배반적인 표현이지만 난 그게 뭔지 안다.
디지털과 아날로그를 넘나들며 정신없는 삶을 살고 있는 1인이지만,
종이책만이 줄 수 있는 그 깊이 있는 성찰과 가슴 저밈은
그 어떤 걸로도 대체할 수 없다.
시간이 지나 되돌아보니 책육아가 정작 필요한 사람은 바로 '나'였다.
'자식을 훌륭히 기르려면 엄마가 먼저 훌륭해져야 한다'는
500년 전부터 전해 내려오는 그런 틀에 박힌 뻔한 글귀가
결국 사실이었다는 걸 딸아이 하나 키우면서 자연스레 알게 되었다.
책을 읽다가 고개를 돌리면 나와 똑같은 자세를 한 작은 내가 있다.
자식놈한테 책 좀 읽으라구 악다구니 백날 질러봤자 소용없다.
애미가 책 읽고 있는 뒷모습을 보면서 아이는 큰다.
그 뒷모습이 가장 중요한 '환경'이다.
그러기 위해선 정말 많은 것들을 내려놓아야 한다.
깨끗한 집, 7첩 반상, 교구 활용, 예체능 수업, 체험 활동, 나들이, 브랜드 옷,
완벽한 생활습관, 학습지, 문제집, 엄마표 놀이, 현모양처, 엄마들 모임…
애미가 생각하는 '이 정도면 되겠지'의 딱 10배만큼 쳐내야 한다.
지 자식에게만 눈이 고정되어 평생 왕따처럼 살라는 말이 아니다.

현명하게 지혜롭게 몰입을 경험하다 보면

위의 활동들이 큰 의미가 없다는 걸 자연스럽게 알게 되고,

아이가 성장함에 따라 적당히 조절하며 병행할 수 있게 된다.

하은이 또한 인생에 수없이 찾아오는 갈등과 고민들에 부딪힐 때마다

방황하며 시간을 허비하기보다 책과 함께 고민하고 사색하며

그 속에서 자신에게 맞는 해결책을 찾아나가고,

길을 발견하고 비전을 찾아나갔으면 좋겠고,

그리하여 재주보다 덕이 앞서는 멋진 청년으로 자라나기길 바란다.

책을 읽지 않는 엄마는 엄마 될 자격이 없다.

'시간이 없어서'라는 말로 피하려 하지 말자.

시간의 가치는 '몰입'과 '집중력'에 달려 있다는 사실을

온몸으로 경험해보자구!

생각이 많아지면
손이 느려진다

현재 제법 잘나가는 FC(재정전문가)이고, 초기 1~2년 자리 잡기까지
죽을 만큼 힘들었지만 애 키우는 거보다는 쉬웠다.

"애 볼래? 밭 갈래?"

난 밭 간다. 밭 갈고 남은 시간에 애 보라 그럴까 봐
옆집 밭까지 갈아줄 거다.

그 얘기 아나?

10년 넘게 불가에 몸을 담고 계시던 여승이 파계승이 되어
속세로 내려와 결혼을 하고 아이를 낳아 한 반년 키우다 보니
지난 10년간의 수련과 수행의 시간이 아~~무짝에 쓸모가 없더라는…
힘들어 뒈질 것 같더라는…

하물며 수행의 시간도 거치지 않은 채,

젊은 시절 내내 술 처먹고 연애질하며 내 잘난 맛에 살다가

떨렁 낳아놓은 애새끼와 스펙터클~ 어드벤처~ 다이나믹~ 호러블 무비를

마니아적으루다가 찍어대며 살다 보니 우라질!

지옥이 따로 없었다.

그 힘든 육아 최대한 쉽게 가야함이 맞다 생각하는 1인이지만

노력 없이 날로 먹으려 하면 결국 무너지는 게 애 키우기다.

'대박이고, 우리 애에게 딱 맞고, 난이도도 딱 맞으며,

가격도 미친 듯이 저렴하고, 나중에 다 보고 팔아도

그 가격 그대로 팔 수 있는 책을 찍어 달라, 알려 달라, 추천해달라'는

쪽지, 메일, 비밀 댓글들.

'집에 이거, 이거 있는데 담에 뭐 넣으면 되냐.'

'요 책 사고 싶은데 싸게 사는 루트 좀 알려달라.'

'하은이 책장 보고 왕창 질렀는데 왜 우리 애는 대박이 안 나냐'는 둥

정말 어이가 안드로메다로 탈출했다가

인천 앞바다에 추락하는 질문들이다.

친절하게 알려도 줘봤다. 고민만 하다가 사지도 못한다. 나중에 또 묻는다.

왜 그렇게 쉽게 가려고 하는지…

여기서 찔끔 물어보고, 저기서 찔끔 낚시질하고,

또 다른 데서 찔끔 검색하고 이거저거 수집해 비교하고 분석해서

어느 세월에 책 들여 읽어주려는지…

진짜 중요한 게 무언지 잠시만 생각해보자.

족집게처럼 집어주기를 기다리지 말고,

그나마 괜찮다 생각되는 거 그날 바로

확 들여서 읽히고, 이게 나은가 저게 나은가

골라주길 기다리지 말고 일단 하나 들여

아이가 좋아할 수 있도록 환경을 만들어주면 된다.

재미난 영어교육용 DVD가 뭔지 말해달라 하지 말고

네이버에만 물어봐도 다 나와 있는 영어교육용 DVD 중

아무거나 사서 바로 틀어주라는 얘기다.

실천, 행동! 손을 움직이고, 발을 움직여!

생각이 많아지고 깊어지면 실행으로 가는 길이 너무 오래 걸린다.

무식하게 그냥 따라 하기! 일단 실행해보기! 아니면 말구!

모르면 육아서 뒤적거려보고, 멘토 찾아가 물어보고

본 대로 들은 대로 그대로 행동으로 옮기면 되는 거다.

이렇게 하면 될까? 안되면 어떡하지? 다른 방법은 없을까?

'우짜지? 저짜지? 요짤까? 아냐, 좀 더 고민해보고… 더 알아보고…

에이, 모르겠다. 다음에…'

쓸데없는 고민과 갈등으로 얼마나 많은 기회와 변화들을

놓치면서 살고 있는지 진지하게 생각해본 적 있는가.

실천하지 않으면 아무런 의미가 없다.

해보지 않고 고민해봤자 해결되는 거 아무것도 없다.

'즉.각.실.행!'

내 다이어리 맨 앞장에 큰 글씨로 적혀 있는 말

한 번도 바꾼 적이 없다.

'그럼 즉흥적인 판단으로 일을 그르치면 어떡해요?'

'돌이킬 수 없으면 어떡해요?'

이런 실수로 인한 피해보다

우물쭈물하다가 놓친 변화의 기회가 100배는 크다.

실수를 많이 해야 실패를 안 하는 거다.

그 유명한 버나드 쇼의 묘비명 '우물쭈물하다 내 이리될 줄 알았다'

내가 책육아를 하는 첫 번째 이유가 이거다.

최소한 과거의 나처럼은 키우지 않으려고.

판단력 · 결정력 · 인내심 · 주관의 부재, 무기력, 우유부단…

혼자 살다 디질 거면 상관없지만, 낳아놨으면 잘 키워놔야지. 제발…

나도 뾰족한 노하우를 꿰찬 거 아니다. 애도 나도 주구장창 책만 읽었다.

아이는 엄마의 뒷모습을 보고 크는데, 내가 지금 이렇게 후진데 어떡해.

조금이라도 조금이라도 나아져야지. 시간이 많이 없는데…

난 그 맘 하나다. 딴 거 없다.

머리 쓰고 검색할 시간에 몸 쓰고 행동하기!

엄마한테 업혀줄래?

하은이 업어주기. 요즘 내가 가장 좋아하는 순간 중 하나다.

졸려 하는 하은이에게 "하은아, 엄마가 하은이 처네로 업어줄까?" 하면

"응"하고 대답한다.

처네를 들고 와 하은이를 향해

나의 널찍한 등짝을 아낌없이 내어밀면

하은이는 단풍잎같이 여린 손등으로

한쪽 눈을 비비며 내 등에 피곤한 몸을 기댄다.

하은이를 업고 처네를 둘러 버클을 채우면

그 순간 나는 하은이와 한 몸이 되는 듯한 묘한 기분에 빠져든다.

하은이는 내 등에서 피곤을 녹이고

난 하은이의 따뜻하고 포근한 온몸의 체온을 느끼며

지치고 피곤한 몸과 마음을 위로받는다.

더불어 더 따뜻한 시선으로 감싸주지 못하고

서툰 몸짓과 거친 목소리가 앞서나간

나의 부족한 어미 노릇과 성품을 반성하며

하은이에게 미안한 마음, 애틋한 마음을 털어놓는다.

"하은아, 아까 엄마가 하은이한테
미운 소리로 야단쳐서 미안해.
엄마가 부족해서 조용히 타일러도 될 걸 큰소리로 야단쳐서
하은이 맘 많이 아팠지? 엄마가 정말 미안해. 앞으로 안 그럴게."
그러면 하은이는
"네. 하은이 맘 많이 아파떠여…" 하면서 까무룩 잠이 든다.
온 가슴을 쥐어뜯으며 깊은 한숨과 함께 반성과 다짐을 하며
이미 꿈나라로 가버린 하은이를 내려놓지 못하고 한참을 서성인다.
나지막한 자장가를 부르면서…
작년까지만 해도 맨날 처네와 슬링을 번갈아들고 따라다니며
업어줘~ 안아줘~ 노래를 부르던 하은이가 그저 버겁기만 했는데,
이젠 하은이가 업어달라고 하기도 전에
제발 내 등에 업혀주기를 갈구하고 있는 나를 발견한다.
더 많이 안아주고 더 많이 업어주고 더 많이 사랑해줘야지.
오늘도 잠든 하은이를 못내 내려놓지 못한 채 다짐한다.
사랑한다, 하은아.

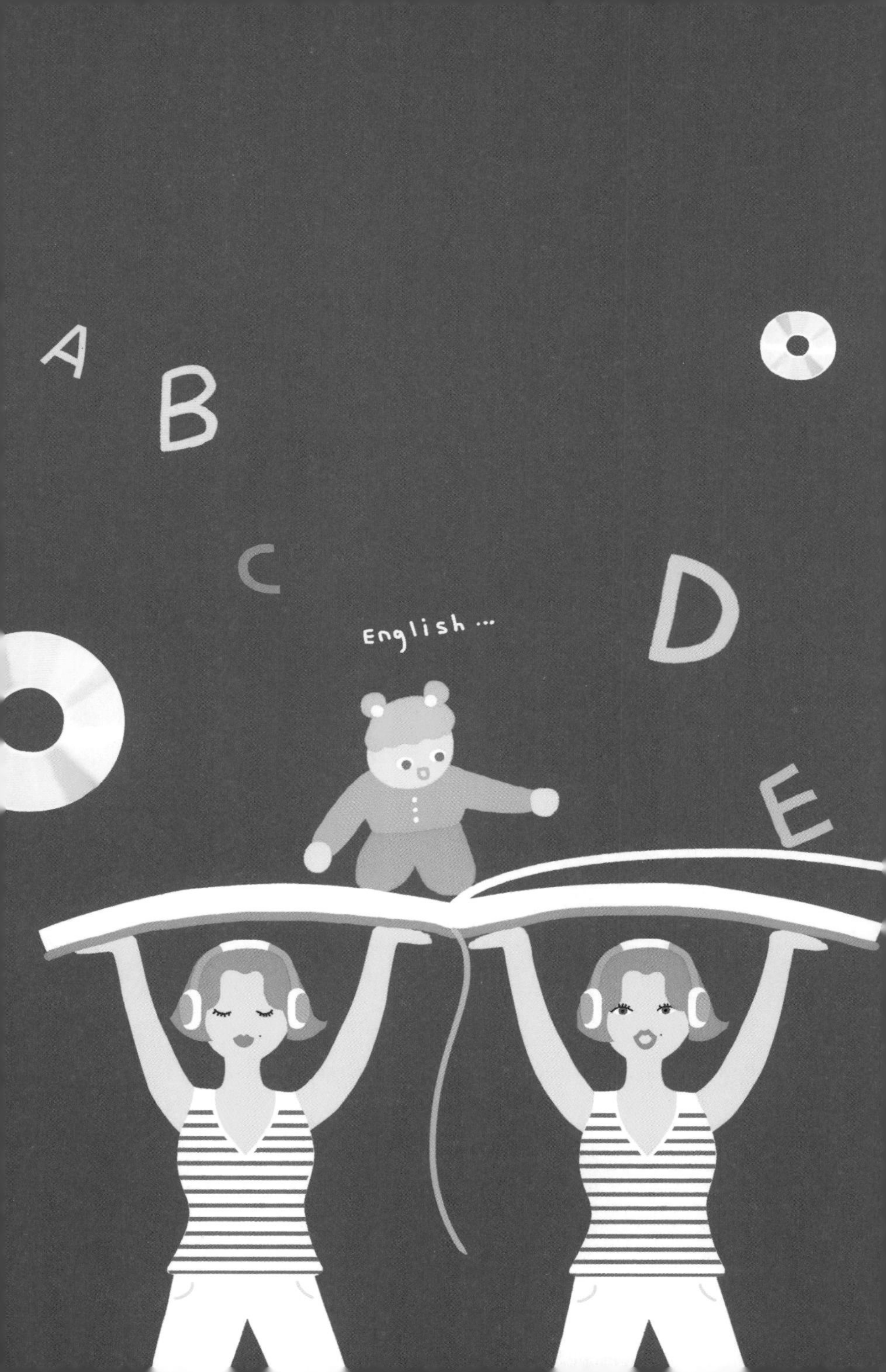
A
B
C
English...
D
E

2장

영어 때문에
돌아버리겠지?

"

어떤 영어책을 사느냐보다

천 배는 중요한 게

애 처잡지 않는 거다

"

하은맘이 말하는 '엄마표 영어'란?

하은이는 10살 때부터 〈해리 포터〉나 〈39 클루스〉 〈로알드 달〉 같은
챕터북을 촬촬 읽었다. 물론 깊이 이해하며 빠져든다.
발음은 뭐 네이티브 스피커 안 부럽다.
문법 공부는 한 적 없다. 아, 있기는 하다.
6살 땐가, 애미와 밥상머리에서 코스북 펴놓고 니 죽고 나 죽자 쑈
몇 판 치루고 나서 죄~다 갖다 버렸다.
애미랑 의만 상하고 내적불행만 켜켜이 쌓아줬던 문법 공부.
그 후로 문법의 '문'자도 서로 꺼내지 않고 그냥 주구장창 책만 읽었다.
노는 짬짬이.
'엄마표 영어'는 절대로 엄마가 영어를 가르치는 게 아니다.

엄마가 생활에서 주저리주저리 영어로 말해줘야 하는 것도 아니다.

온라인 속 고수 엄마들처럼 맨날 액티비티 자료 뽑아 풀게 하고

영어놀이 해주고, 〈노부영〉으로 품앗이 팀 짜서

엄마들끼리 부담 백배 갖고 몇 번 해주다가 파토 나는 건 더더욱 아니다.

민간인 하은맘이 정의하는 '엄마표 영어'란?

집에 자연스럽게 영어노출 환경을 만들어주고

엄마는 뒤로 살짝 빠져 있는 거다.

엄마가 눈에 불을 켜고 영어책 들이밀고 생활영어 씨불이며

달려들어서도 안 된다.

엄마가 발음이 좋을 필요도 없고,

영문과 전공일 필요도 없다.

애만 잡는다.

알파벳만 봐도 몸에 두드러기 돋아나는

영어울렁증 애미들이 더 잘하는 게 엄마표 영어다.

그렇다면 자연스런 영어노출 환경이란

어떤 건지 한번 씨불여볼까?

첫째, 집에 한글책만큼 영어책이 많아야 한다.

요게 안되면 엄마표 영어는 100% 불가능하다.

요즘은 싸고 좋은 영어전집이 널렸다.

60~70만 원짜리 브랜드 책일 필요 전혀 없다. 아니, 도리어 해롭다.

비싼 돈 싸질러 놓고 안 보면 우짤 건데? 애만 잡지.

둘째, 집에 IPC-8090 두 대는 꼭 있어야 한다.

(주야장천 추천하던 IPC-7080의 업그레이드 버전이다.

카세트 테이프 기능이 빠지고, HDMI 단자와 블루투스 기능이 추가됐다.)

흘려듣기, 집중듣기, DVD 보기가 모두 가능한 기계다.

IPC-8090 옆에는 DVD 보관함이 2개 이상 있어야 한다.

하나엔 CD 가득, 또 하나엔 DVD 가득, 또 하나엔 집중듣기용 CD 가득

준비해놓고 지문이 닳도록 네버 엔딩 플레이시키면 된다.

셋째, 목에서 피가 나올 때까지 많이 읽어주어야 한다.

포인트! 아이가 영어책 가져올 때까지 기다리지 말 것.

하은이도 애기 때 말고는 영어책 먼저 빼 오지 않았다.

기다리다가 애 대학 간다.

나라도 한글책이 재밌지 영어책 먼저 안 집는다. 생각해보시라.

아이가 눈치 못 채도록 고도의 기술을 발휘해

영어책을 이곳저곳에 배치하고 나비처럼 애 곁을 배회하다

잠시 지루해하는 그 찰나를 포착해 벌처럼 애 등 뒤로 접근해

"어므나~ 이게 뭐야~ 세상에 웬 웃기고 짬뽕 같은 갈색 곰이 있냐?

브라운 베어래, 얘가! 우헤헤헤~"

그러면서 개후진 발음으로라도 열심히 읽어준다.

애 발음은 절대적으로 CD 발음 따라 가니까

쫄지 말고, 걱정 붙들어 매고!

그러기를 꾸준히~

넷째, 재밌는 영어교육용 DVD가 100장 이상 있어야 한다.

어느 수준이 될 때까지는 디즈니 애니는 틀지 말 것.

너무 어렵고, 빠르고, 자극적이다.

10~20분짜리 에피소드가 따닥따닥 붙어있는 대박 영어교육용 DVD

그 주옥같은 시리즈들로 지금의 하은이가 만들어졌다.

소리는 무조건 영어여야 한다. 자막은 없어도 있어도 큰 상관없다.

도리어 한글 자막은 한글 떼기에,

영어 자막은 영어 읽기에 도움된다.

하은이처럼 하루에 2시간씩 보여주려면

학원이니 센터니 선생님이니 자동으로 끊게 될 걸~

다섯째, 8세부터 하루 10분이라도 집중듣기는 꼭 시킨다.

"야, 똑바로 앉아. 어허~ 똑바로 안 할래? 너 어제도 안 했잖아!"

하며 애 족치지 말고 아이가 기분 좋을 때를 포착하여

알랑방귀 뀌어가며 살짝~ 후루룩~ 듣게 하고 놀린다.

(물론 나도 어려웠다.)

단 '집중듣기'이지, '집중읽기'나 '집중해석'이나

'집중반복'이 절대 아니라는 거!

CD 소리 들으며 눈이 책의 문장만

따라가면 되는 거다.

하루에 10분짜리 책부터 시작해서 조금씩 시간을 늘리면 된다.

여섯째, 그 외의 다른 행위들은 엑스트라다.

해줘도 좋고, 안 해줘도 된다.

액티비티니, 생활영어 씨불이기니, 워크시트 들이밀기니, 놀이영어니,

며칠 하고 쓰러질 거면 아예 하지도 말라.

프린트하고 코팅하고 제본하고 놀아주고 그 짓거리 언제까지 하시려고?

시작보다 중요한 게 꾸.준.함.인데…

쉽게 가자. 영어도 마찬가지로!

주중엔 새벽에 출근해 저녁 늦게 퇴근한 하은맘이 한 거면,

늙고 개피곤한 귀차니스트 저질 체력 하은맘이 해온 거면 다 할 수 있다.

학원으로 되면 내가 된다고 말을 하지.

원어민 수업으로 안 되니까 이 지랄이지.

영어유치원이 애 영어를 망가뜨리는 주범이니까 이 난리고.

영어학원 전기세 꼴아 박아주는 엄마들이

주위에 수억이라 하는 얘기다.

그걸로 애 영어가 안되니까 이런다 말이다. 진짜!

영어는 알파벳이 들어있는 논술이고,

수학은 기호가 들어있는 논술이다.

따라서 한글책을 무진장 많이 읽어야 영어를 잘할 수 있다.

한글책을 많이 읽지 않고는 영어도 수학도 못하는 아이로 전락한다.

그리고 무엇보다 중요한 건 아이가 재미를 느껴야 한다는 것.

명심해라.

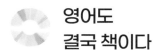

영어도
결국 책이다

뭐 하는 거냐니까 영어숙제 하는 중이란다.

초등 3학년 영어 숙제가 뭐냐면,

알파벳 두 번 쓰기.

Hi, Hello, I, am, Bye, Me 등

기본 단어 5번씩 쓰기.

지도 어이가 없으니까 껄껄 웃으면서 쓴다.

이 정도일 줄은 몰랐는데 초등 영어 너무 쉽다. 하나도 안 바뀌었다.

교과서는 이쁘게 바뀌었지만 가르치는 체계 자체가

여전히 고구려적 그것 그대로다.

하은이네 학교만 이러나 싶어 여기저기 수소문해보니

딴 데도 비슷한 상황이란다. 사립은 좀 낫나 싶지만 도진개진이다.

헌데 그마저 모르는 아이가 3분의 1이란다.

영어 문장 따라 쓰는데 남자 짝꿍은 노트에 난을 치고 앉았단다.

하은이를 제외한 같은 반 거의 모든 아이들이 영어학원을 다닌다.

사설 영어학원, 영어유치원 연계 초등영어수업, 방과 후 원어민영어,

3~4명 팀 짜서 원어민 한 명 불러 공.부.시키는 팀 수업.

튼실영어, 윤씨선생 등 모두 다 가거나 오거나 모인다.

이러한 수업으로 진정 영어를 좋아하게 되고

잘하게 되는 아이는 거의 없다고 본다.

결국 모든 것들을 공부로 느껴지게 만드니까.

토론식, 말하기 위주의 수업? 말은 좋지.

원어민과 대화하며 다양한 아웃풋을 유도한다는데,

노출도 안 되어 있는 아이들에게 뭘 끌어내고, 뭔 토론을 한다는 말인가?

Hello, Thank you, what's your hobby?, Look at this book!

언제까지 하게 할라고?

대화 불가! 토론은 더 불가!

결국 교재 펴놓고 칸 채우고, 정답 유도하고, CD 틀어주면서

한 번씩 듣게 하고 애들은 멍 때리고, 옆 친구 꺼 보고 풀고…

쓰기 숙제하기 싫어서 용트림하다가 눈 부라리는 엄마 무서워

밤 11시 넘어 졸음 쫓아가며 울면서 겨우 해가고.

주말 숙제는 거의 논문식이다. 월요일엔 단어 테스트도 본단다.

애미도 주말 내내 까먹고 놀리다가 일요일 저녁 6시부터 애를 갈군다.

넌 그동안 학원에서 배운 게 뭐냐고 족친다.

악과 처절한 외침만이 난무하다.

애는 머저리같이 눈 희끄무레하게 올려 뜨고 눈치만 보며

결국 눈물 뚝뚝 흘리다가 단어를 쌩으로 외운다.

공포와 눈치가 아이 가슴을 가득 채운다.

영어의 최대의 적은 '공포'다.

그러니 학원 6년 다닌 초등 6학년 아이에게 영어책 쥐여주면

"이건 안 배운 거예요. 잘 못 읽겠어요" 하지.

초등 아이들이 읽어야 할 바이블이라고 알려져 있는 〈매직 트리 하우스〉

빈정 확 상하는 신문지 종이에 먹글씨만 난무하는 무서운 책이지만,

엄마랑 영어책을 많이 읽고 접해온 아이들은 문제없이 읽어낸다.

마음을 가라앉히고 찬찬히 째려보면 어려운 표현이나

문장 구조는 많지 않다. 물론 모르는 단어 있고, 이디엄도 낯설지만

긴장을 풀고 읽어 내려가면 쫄려 죽을 정도는 아니다.

쳌! 글자만 열라 많은 요런 페이지,

바로 요기에서 진검승부가 이루어진다.

관건은 '누가 누가 쫄지 않나~!'

영어 책육아로 꾸준히 영어 노출해온 아이들은

그냥 툭~ 읽어 내려간다.

그게 핵심이다. 뿔리, 에쎌퓌, 키즈클럽 백날 다녀봐라.

저 책 줄줄~ 못 읽는다. 읽어도 즐기지 못한다. 읽을 시간도 없다.

애미가 읽어주겠다고 겁 없이 덤볐다가 쪽 제대로 팔려

슬피 울며 영어학원행 시키지 마시고,

CD 사서 틀어주고, 집중듣기 시키고, 좀 쉬운 책부터 읽게 하면 된다.

그럼 엄마들이 그토록 원하는 두꺼운 챕터북을 줄줄 읽는 그날이 온다.

웃으며 혀 깨물고 콱~ 죽어도 좋을 그날을 꿈꾸며

지금 당장 학원을 끊어주자.

그러면 우리 애만 뒤처질 것 같지만, 절대로 그렇지 않다.

아니, 그래야 우리 애가 훨훨 난다.

영어 책육아의
명료한 코스

그럼 하은이네는 어떠냐구? 하은이는 영어학원은 물론

튼실영어, 두솔영어, 원어민 수업 전혀 안 받았다.

그냥 집에서 책 읽고, CD 듣고, 영어 DVD 본다.

그동안 쭉~ 그래왔고, 앞으로도 안 보낼 거다.

수백 권이 꽂혀 있는 영어책장,

책 두께가 얇디얇아 모아놔도

꼴랑~ 요따 만큼이다.

이게 거실에 있는 책장이고,

하은이 방에 이만큼 더 있고, 안방에도 약간 더 있다.

지금도 집안 곳곳에 3,000권 가까운 영어책이 꽂혀 있다.

결국 영어도 한글 전집 들이듯이 책을 들여야 한다.

1. 픽처북 읽어주기

3개월 때 처음 사줬던 영어책인
〈Brown Bear, Brown Bear, What do you see?〉를 시작으로
〈노부영〉 1~2권씩 뜨문뜨문 사서 읽히다가 30개월쯤 우연히 알게 된
엄마표 영어에 눈이 헤까닥 돌아가 오만 뻘짓 다 하다가
애 심한 영어 거부 증세 보이도록 만들어놓고 가슴 뜯으며 자책하다가
다시 영어도 책육아로 빽!
'영어도 결국 책이다'라는 깊은 깨달음을 얻고 들인
첫 영어전집이 〈푸름이 터잡기〉였다.
오~~~ 하은이 대박 환장! 그래, 영어도 딴 거 없다.
그냥 무식하게 읽어주면 된다.
그다음부터 딴생각 안 하고 〈노부영〉 단행본으로
조금씩 사서 꾸준히 들여놓고,
〈삼성그림책으로 영어시작〉으로 또 대박 행진하고,
〈푸름이 씨뿌리기〉〈푸름이 싹틔우기〉 들여 재미나게 읽어줬다.
〈런 투 리드〉는 당시 지나다니는 개도 읽힌다기에
나도 사서 읽어주었으나 또 심한 거부!
그럼 그렇지, 픽처북이 아닌 리더스북을 들이밀었으니 애가 싫어하지.

또다시 재미난 영어그림책을 들여 꾸준히 읽어주다가
자연스레 리더스북으로 넘어갔다.

2. 리더스북 읽히기

픽처북 500권 이상으로 절대적 양을 채우고 나니
리더스북 진행은 탄탄대로.
〈헬로 리더〉 1~2단계 읽히고,
〈아이 캔 리드〉 2~4단계도 중고로 사서 읽히고,
〈오알티〉도 3단계부터 11단계까지 다 사서 쭉 읽혔다.
〈오알티〉는 정말 징허게 재밌어라 했다.
〈찰리 앤 롤라〉나 〈리틀 프린세스〉〈엘로이즈〉 등
좋아하는 DVD 캐릭터가 주인공인 리더스북도 읽히고,
〈올 어보드 리딩〉〈스텝 인투 리딩〉 시리즈 일부도
기회 될 때마다 사서 읽혔다.
〈헨리 앤 머지〉랑 〈아서 어드벤처〉는 CD로
집중듣기 시켰더니 넘 느리고 쉽다고
그냥 혼자 읽어버렸다.

3. 챕터북으로 집중듣기

하은이는 7세 때 〈티아라 클럽〉 챕터북으로
첫 집중듣기를 시작했다.
챕터북 진입의 대표선수로 꼽히는
〈매직 트리 하우스〉는 왠지 남자아이들이
좋아할 얘기인 것 같아
우선 공주 나오는 책으로 진입시켰는데 나름
괜찮은 선택이었다.
(근데 〈매직 트리 하우스〉 나중에 넣어주니까 이 책이 제일 재미있는데
왜 이제 사줬냐 그런다. -_-;;)
그다음으로 집중듣기 했던 책이 〈주니비 존스〉였다.
〈티아라 클럽〉만큼 대박은 못 쳤지만, 그래도 꾸준히 진행 잘 됐던 책이다.
그다음엔 〈호리드 헨리〉를 읽고,
예전에 사놓고 못 했던 〈베런스타인 베어즈〉를 읽혔는데,
58권에 해당하는 방대한 양도 양이었지만,
리더스북임에도 난이도나 표현들이 웬만한 챕터북들
찜 쪄 먹을 만한 쟁쟁한 선수였다.
하은이도 약간 지지부진하고 챕터북 집중듣기 진행한 뒤,
첫 슬럼프였던 것 같다.
그러다가 다시 심기일전해서 〈잭 파일〉 읽고,
단행본으로 몇 권씩 있는 〈마이티 로봇〉 〈네이트 더 그레이트〉 등 읽고,

느지막이 넣어준 게 〈매직 트리 하우스〉였다.

매일 한 권씩 하루도 빠지지 않고 집중듣기

했는데 가장 재밌고 흥미진진하다고 했다.

역시 명성이 자자한 이유가 있었다.

조용한 가운데 한 장 한 장 넘겨가며 눈이 따

라간다. 김연아 엄마 안 부러웠다.

그 이후로 〈앤드류 로스트〉 〈캡틴 언더팬츠〉 〈레인보우 매직〉

〈프래니 K. 스타인〉 〈제로니모 스틸턴〉 〈윔피 키드〉 〈후위즈〉 같은

챕터북들을 전집으로 사서 때로는 집중듣기로,

CD 못 구한 건 읽기로 꾸준히 진행했다.

그러다가 초등 3학년에는 〈해리 포터〉 한글책과 DVD에 흠뻑 빠져들면서

원서도 재미있다며 집중듣기와 병행하며 스스로 읽기 시작했다.

그 전화번호부 두께의 〈해리 포터〉 원서에 빠져드는

녀석의 어메이징한 등짝을 바라보자니 온 세상이 파스텔 톤이었다.

비싼 영어 학원이 별건가?

죄다 돈으로 칠갑을 해서는 단어 외우게 하고,

숙제 내주고, 퀴즈 풀리고, 정기적으로 테스트 보는 게 다다.

왔다 갔다 버려지는 셔틀 시간이며, 숙제하는 시간이며,

돈을 처들여 놨으니 본전은 뽑아야겠고,

테스트에서 개죽 쓰는 꼴은 못 보겠고,

시험 전날 급공부 시키려니 피바다가 따로 없다.

영어 습득에 있어 최대의 적이 '공포'인데,

애미가 허구한 날 블럭버스터급 공포를 쓰나미로 퍼부어대니… 참.

영어도 아니, '영어야말로 책육아'여야 한다. 결국 책을 읽혀야 한다.

재미있는 픽처북 → 리더스북 → 챕터북의 간단명료한 코스를 거쳐

영어 소설을 줄줄 읽는 그날까지!

여유로운 시간 속에서 빈둥빈둥 집중듣기 하고 흘려듣기를 해야 한다.

사이사이 재미있는 DVD로 영어의 깨알 재미를 만끽하게 해야 하고,

애미 체력 받쳐주는 날 선배맘들이 올려놓은 재미난 워크시트들

좌라락 출력해서 던져주고 심심할 때마다 조금씩 풀리면 된다.

영어책을 술술 읽을 줄 알아야 수능을 푼다.

어이가 탈출할 만큼 길고 긴 영어 제시문을 속독으로 읽어내려가야

수능 영어영역에서 고득점을 할 수 있다.

엄마의 발음과 영어 실력에 대한 걱정은 개나 줘버려라! 다 필요 없다.

귀가 뚫려야 눈이 뚫린다.

눈이 뚫려야 입이 열리고, 손은 자연스럽게 따라간다.

'말하기와 쓰기'는 '듣기와 읽기'가 되면

나오지 말라 그래도 자연스럽게 튀어나온다. 술술~

그리고 무엇보다 아이의 언어 수준은 지적 수준과 비례한다.

한글책 많이 읽은 아이들이 영어도 잘한다. 철칙이다.

영어도 책밖에 없다. 두말하면 입 아프다.

 ## 영어책
뭘 사야 하는지 알려줄까?

'애씀' 내가 넘 좋아하는 말이다.

애를 쓰면 방법이 후지든 서툴든 엉뚱하든 결과는 나온다.

육아라는 분야에서는 특히 그렇다. 어김없다. 뭐라도 하라!

애쓰고 노력하고 미친 듯이 몰입하면 내 아이는 잘 자란다.

잘 자랄 수밖에 없다.

다만 내 아이에게 정면승부는 안 된다.

돌려서 말하고, 간접적으로 유도하고, 환경의 변화로 몰입독서를 유도하고,

루틴한 일과(흘려듣기, 집중듣기 등)의 습관화로 영어를 노출시키고,

스티커보드 등 아이의 목표의식을 자극해

엄마가 원하는 노출을 유도해야 한다.

다양한 시도를 하다 보면 내 아이에게 맞는 방법이
마른 땅에서 새순이 뾰족~하게 돋아나듯 나타난다.
영어책 구입의 3대 원칙 알려줄까?
첫째, 빌리지 말고 사야 한다.
둘째, 쉬운 단계를 무지 많이 읽히고, 천천히 단계를 높여가야 한다.
셋째, 픽처북 500권 → 리더스북 500권 → 챕터북 500권 이상의
　　　순서를 반드시 밟아 구입해야 한다.
위 세 가지 원칙만 지키면 누구든 영어 잘하는 아이,
영어 좋아하는 아이로 키울 수 있다.

강추 픽처북 TOP 10

픽처북은 〈노부영〉처럼 멋지고 이쁜 그림이 대부분을 차지하는
그야말로 그림 동화책이다.
하은맘이 강추하는 베스트 픽처북 시리즈 TOP 10은
〈푸름이 터잡기〉〈스팟, 메이지, 까이유 보드북〉
〈노부영 베스트 30〉〈씽씽영어〉〈푸름이 마더구즈〉
〈삼성그림책으로 영어시작〉〈글뿌리 플레이타임〉
〈투피와 비누〉〈마이 퍼스트북〉〈스토리 붐붐〉이다.
있는 집은 새 거로, 읍는 집은 소똥이네서 중고 전집으로 사면 된다.
예를 들어 하은이 까꿍이 때 너무너무 사고 싶었으나

눈물을 머금고 마음을 접었던 〈스토리 붐붐〉.

지금은 소똥이네서 개똥 값에 수시로 나온다.

무조건 사서 무식하게 읽어주면 된다.

픽처북을 500권 이상 사서 한글책 읽어주듯이

가리지 않고 수시로 읽어주다 보면 애가 묻지도 않았는데

그림책의 몇몇 단어나 알파벳, 간단한 문장들을

애미보다도 먼저 읽고 재수 없게 아는 척하는 순간이

벼락처럼 다가온다.

그때 구렁이 담 넘어가듯 리더스북을 스리슬쩍 들여주면 된다.

그림책에 비해 그닥 재미는 없을 거다.

그동안 재미난 그림책은 몇 권 사주지도 않고 재미나게 읽어주지도 않고,

애 초등 들어갔다고 저 정도 글밥 정도는 읽어야 된다고 생각하기에

너 혼자 좀 읽어라 하고 들이미니 애가 읽나…

단어도 쉽지 않고 내용도 심도 있어서 완전 쫄기 딱 좋은데…

그래서 애 나이와 상관없이 영어책의 시작은 픽처북으로 해야 한다는 거!

강추 리더스북 TOP 10

수백 권의 재미나고 화려한 픽처북으로

영어책에 흥미와 재미를 충~분히, 흠뻑 느낀 아이가

자연스럽게 혼자 읽기를 연습하는 '읽기연습용' 책이 리더스북이다.

하은맘이 강추하는 베스트 리더스북 시리즈 TOP 10은

<싸이트 워드 리더스> <삼성 세계명작 영어동화>

<JY퍼스트 리더스> <오 알티> <런 투 리드> <아이 캔 리드>

<도라도라, 리틀 프린세스, 찰리 앤 롤라, 마녀위니 리더스>

<아서 어드벤처> <프로기 시리즈> <헨리 앤 머지>다.

첨에 사서는 엄마 무릎에 앉혀 목 터지게 읽어주고

한글책 읽기독립 시킬 때처럼

칭찬 퍼레이드 퍼부어주면서

한 페이지씩 읽게 하고, 혼자 읽을 때마다 뽀뽀 세례,

스티커 붙이기, 찌질 문방구 방문 등의 시책을 걸어가며

자연스레 읽기를 유도하면 된다.

이런 지지부진한 읽기 유도는 생각보다 어렵지도 않고

애가 어리면 어릴수록 쉽고 내 자식의 무반응에 좌절만 안 하고

무식하게 반복하면 이 과정에서 파닉스도 얼렁뚱땅 떼지고,

단어를 따로 외우지 않아도 책을 읽는 데 큰 문제가 없는

가문의 영광 내 자식을 발견하게 된다.

10살 초딩이라도 영어 읽기독립이 안 된 상태라면 무릎에 앉혀

애미의 식민지 개떡 발음으로 열심히 읽어줘야 한다.

물론 내 발음에 내가 먼저 빈정 상하고,

애는 온갖 짜증을 온몸으로 드러내 욕 나오고 분통이 터지지만,

나중에 애 고딩 때 영어 때문에 성적 안 나와

족집게 영어 과외선생님 불러 머리 조아리고

달러 빚내서 공양 바치는 것보다는 훨씬 낫다.

그리고 애가 8살이 되면 하루에 한 권씩 CD 틀어놓고 집중듣기 시켜라.

한 권에 15분이면 떡 친다.

첫 집중듣기용으로 딱~ 좋은 책은 〈삼성 세계명작 영어동화〉 30권.

CD도 다 들어 있고 웬만큼 알고 있는 명작 스토리들이라

부담 없이 이해되고 재미도 있어 '하기 싫어~용트림'이 가장 적다는

조직원들 제보가 빗발친다.

강추 챕터북 TOP 10

다음은 챕터북.

하은맘이 강추하는 베스트 챕터북 시리즈 TOP 10은

〈네이트 더 그레이트〉 〈티아라 클럽〉 〈로켓〉 〈잭 파일〉

〈매직 트리 하우스〉 〈프래니 K 스타인〉 〈주니비 존스〉

〈레인보우 매직〉 〈앤드류 로스트〉 〈39 클루스〉다.

모두 전집으로 사주면 된다.

알록달록한 표지와 달리 안쪽을 넘기면 사기당했다는 느낌을

지울 수 없는 쌍팔년도 신문지 종이에 새까만 글씨.

주입식 영어교육의 산송장들인 우리 애미들로서는

단 한 글자도 읽어 내려갈 수 없는 심한 쫄림과 자살 충동이

등줄기를 타고 겹겹이 흐른다.

근데 픽처북 다독과 리더스북 다독을 꾸준히

그것도 가늘고 길게 해온 하은이는 전혀 쫄지 않았다.

신기했다. 된다, 돼. 으으으으~~

챕터북 진행은 '집중듣기' 시키면 되니까 사실 그리 걱정할 일은 아니다.

애가 식겁하고 도망가지만 않으면 된다.

사실 챕터북이 재미와 흥미 면에서 진정한 영어책 읽기의 맛을

느낄 수 있는 최고의 단계이다. 그야말로 정수다.

그 단계까지 엄마가 살살~ 끌어만 와주면 그 이후는 영어 발육아다.

영어에 있어 내 신조 '좋아하지 않아도 좋다. 싫어하지만 말아다오!'

그게 다였다. 애가 열광하도록 발광 떨지도 않았다.

그럴 체력과 열정도 없었으니까.

내가 주로 구입하는 최저가 인터넷 영어서점 알려주까?

'웬디북', '애버북스', '북메카'

다른 곳보다 저렴하고 책만 전집으로도 구입 가능하다.

사실, 픽처북 → 리더스북 → 챕터북의

3단계의 순서만 맞춰 간다면

최고의 엄마표 영어는

지금 아무거나 사서

무지막지하게 읽어주는

싸디 싼 영어책 한 권이다.

엄마표 영어에 있어 애미의 역할

엄마가 가르치고, 놀아주고, 영어로 대화 나눠주고

파닉스 교재 펴놓고 등짝 뚜드려 패면서 족치는 게

엄마표 영어가 아니라는 건 이제 귀에 딱지가 앉겠제?

엄마는 선생님도, 강사도, 형사도, 사감도 아니어야 한다.

엄마는 절대적으로 '영어 노출'만 해주면 된다.

이렇게 쉬운 명제가 세상에 또 없는데,

이 땅에 엄마표 영어 성공하는 집안은 별로 없다.

이유가 뭔지 아나?

보통은 애미가 영어를 못해서, 아프리카 영어 개발음이라,

애미가 게을러서 등의 이유를 씨불이지만 이유는 단 하나다.

'영어 노출 환경의 부재!'

한글전집 많은 집은 이젠 무지 많아졌는데, 영어책 많은 집은 거의 없다.

끽해야 〈노부영〉 열 몇 권에,

특수요원 꾐에 빠져 라인 잘못 타 들인 〈행위 잉글리쉬〉,

요즘은 또 그거 많이들 들이시더만 〈영어 달걀〉 -_-;;

그 달걀만 구비해놓으면 내 자식 영어가 쑥쑥~ 급성장할 것만 같은

착각에 사로잡힌 이 땅의 영어울렁증 환자인 애미들은

눈물을 찍어 삼키며 카드를 긁는다. 지갑이 털려간다.

남편노무스키님께서 뭔 애 책이 이리 비싸냐고 난리를 쳐대면

딴 집 애비들은 100만 원 넘는 영어유치원 5세 때부터

척척~ 잘도 보내주는데 니는 그라지도 못하는 주제에 웬 난리냐며

싸움질하다가 피바다를 연출한다.

자기가 비싼 전집 풀세트로 들여놓고서 영어책 더 이상 비싸서

못 사겠다고, 학원 보내는 게 훨씬 낫겠다며 엄마표 영어를 왜곡시킨다.

세상에 저렴하고 손쉽게 살 수 있는 영어책이 얼마나 많은데…

손품, 발품 팔아 알아볼 생각은 안 하고

이리 기웃 저리 기웃하며 시간 버리고, 돈 버리고, 맘 상하고, 애 잡고~

집에 영어책 안 들이고

영어 잘하는 아이 절대 만들 수 없다!

집에 재밌는 영어교육용 DVD 수백 편 없이

영어 좋아하는 아이 만들 수 없다!

영어 잘하는 하은이네 집엔 영어사전 없고, 영어일기장 없고,

허리 휘는 비싼 영어전집도, 영어교재 방문 샘도 없다.

대신 영어책은 3,000권이 넘고, 영어 DVD는 500~600편이 넘어간다.

다운받아 놓은 영화들만 400편이 훌쩍 넘는다.

그렇다고 초딩 하은이가 영어책 수시로 빼서 보는

그런 미친 영어영재는 전혀 아니었다.

재미난 한글책은 꽂히면 자다 깨서도 주온에 나오는 사다코처럼

보고 앉았는데 영어책은 11살까지 지손으로 도통 빼보질 않았다.

대한민국 애미들이여~ 위로받으라!

영어책 다독을 시키기 위해 스티커도 붙이고, 비타민도 주고,

사탕, 초콜릿, 돈도 줘보고, 온갖 시책 걸어서 구슬리기도 해봤다.

갖고 싶어 죽겠는 선물이 걸린 '영어책 1,000권 읽기'

프로젝트를 진행하면서 자연스레 영어책 리딩에 속도가 붙었고,

홀딱 빠진 DVD 캐릭터가 나오는

리더스북들 읽게 하고 듣게 하고 보게 하고

캐릭터와 연관된 외국 사이트 찾아서 실컷 놀게 했다.

(영 모르는 캐릭터 나오는 리더스북보다 백배는 좋아한다.)

그러는 사이 영어를 생활 속에서 즐기는 아이로 자연스럽게 커갔다.

애미는 아이가 보는 영어책을 미리 볼 필요도 공부할 필요도,

영어 문법책을 펴놓고 애랑 머리 처박고 싸울 필요도 전혀 없다.

다~ 내려놓으라.

하은맘표 영어교육의 핵심은

영어를 미친 듯이 잘하게 하는 게 아니라

영어를 싫어만 하지 않으면서

생활 속에 자연스럽게 스며들게 하는 것!

하은이는 〈제로니모 스틸턴〉 〈윔피 키드〉 같은 챕터북으로

집중듣기를 했지만, 다독용 책은 어려운 책과 쉬운 책을

잡히는 대로 읽었다.

〈찰리 앤 롤라〉 리더스북 정도는 CD보다 빠른 속도로

밥에 치즈와 버터를 비벼 먹은 발음으로 후루룩 읽어버린다.

간혹 한 번씩 챕터북을 소리 내서 읽을 때는

녀석의 유창한 발음과 막힘없는 뤼~딩에

하은애미 어깨가 하염없이 올라간다.

조카 유림이 놀러 왔던 주말 어느 날,

둘이 〈찰리 앤 롤라〉 DVD 보다가 안방이

조용하다 싶어 들어가 보니

'롤라 그리기 사생대회'를 개최 중이다.

투명 시트지에 네임펜으로 그리고

색칠해서 롤라 스티커를 완성하는 건데,

서로 에피소드 이야기해가며 재미나게

그리고 있는 모습이 얼마나 이쁘든지…

고럴 때 애미의 역할은 함께 그려줄 필요도

옆에 쭈그리고 앉아 간섭할 필요도 없다.

롤라 DVD 얼른 찾아 재생해 흘려듣게 해주고

지나다니면서 감탄 퍼레이드 쏴주면 끝난다.

"우와, 세상에나~ 어쩜~ 꺄~ 완전 똑같애~ 완전~!"

그럼 귀여워서 디져불겠는 롤라와

초인격적인 기품을 폴폴 풍기는 훈남 찰리 오빠 스티커를

선물로 받을 수 있다.

이렇게 우애 깊게 갈 수 있는 영어가 있는데

왜 그리 안 하고들 버팅기는 건지 당최 알 수가 읍써, 난.

생활 속에 영어를 끌어들이기는 생각보다 쉽다.

우왕좌왕할 시간에, 이집 저집 귀동냥할 시간에

'왜 난 안될까? 뭐가 문제지?' 고민하고 자책할 시간에

뭐라도 하나 틀어주고, 아무거나 잡고 읽어줘라.

물론 첨엔 어린놈은 도망가고, 다 큰 놈은 성질낼 거다.

허나 그런 어색한 하루하루가 모이고 모이면

사부작사부작 영어가 애 삶에 스며든다.

힘들지도 어렵지도 않다.

더불어 애미도 애 영어 DVD가 이렇게 재미난 거였는지

찰리 오빠가 넘 멋져서 사랑에 빠지게 될 거고,

초귀엽댕 롤라가 보고 싶어 자꾸 DVD를 틀게 될 거다.

〈위씽〉과 〈페파 피그〉가 이렇게 고급스런 DVD였던가

감탄이 절로 나올 것이며,

〈까이유〉를 보다가 "마미~ 웨얼 아유우~~"라고 말하는

내 자식의 고 주둥아리가 넘 사랑스러워

으스러지게 껴안아 주게 될 것이다.

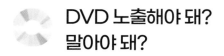

DVD 노출해야 돼?
말아야 돼?

날고 기는 엄마표 영어 강사들이나 영어 육아서 저자들은
죄~다 우리 민간인 엄마들이 하기 힘든 것만 하라고 난리들이다.
엄마가 영어로 말해주고, 영어책을 구연동화 하듯 읽어주고,
영어로 다양한 독후활동도 해주고, 품앗이영어 모임도 해주고,
미국교과서로 듣기, 말하기, 읽기, 쓰기 실력을 연마하란다.
집중듣기, 흘려듣기, 영자신문 읽기 등. 아씨, 어쩌라는 건지…
그니까 지레 겁먹은 엄마들이 영어사교육으로 눈을 돌리는 거지.
곱셈도 못하는 우리들에게 인수분해를 하라니, 원…
하은이 영어의 핵심!
영어책 읽기와 더불어 하루 2시간 영어 DVD 보기 되시겠다.

영어책과 영어 DVD는 떼려야 뗄 수 없는 관계.

마치 뿡뿡이와 짜잔형? 아님 뽀로로와 크롱?

4살 때부터 거의 매일 하루 2~3편씩 DVD를 봐왔다.

32개월 때 엄마를 안드로메다로 탈출시켰던

'영어 거부증'을 극복시켜줬던 〈빙뱅붐〉을 시작으로

정말 다양한 DVD를 접해왔다.

초등 4학년까지 하루에 2시간 정도씩 거의 매일 DVD를 본다.

뭐 하나 꽂히면 5~6시간. 다른 아이들은 당연히 그리 못하지.

왜냐? 학원 가고 숙제하느라 시간이 없으니까.

보면서 낄낄대고 빵 터지고, 재미 만땅~ 익싸이팅~ 어드벤처급으로

쏙 빠져들어 헤어나오질 못하는 DVD들이 어찌나 많은지.

옆에서 보고 있는 나도 이렇게 재미난데, 애들은 오죽하겠냐고.

DVD만큼 양질의 영어를 주의 깊게 듣고 흡수하고,

다양한 표현들과 빈도수 높은 구어체 표현들을

밀도 있게 들을 수 있는 콘텐츠도 없다!

그러려면 아이의 시간이 처남아 돌아야 한다.

DVD계의 〈차일드 애플〉이라 할 수 있는 무한반복 구토유발 〈까이유〉,

너무 많이 봐서 불질러버리고 싶었던 꼬마 생쥐 〈메이지〉,

하은이랑 나랑 돼지 콧소리 따라 하며 깔깔거리게 만들었던 〈페파 피그〉,

오빠라고 부르고 싶은 카리스마 작렬 공주님 〈리틀 프린세스〉,

미치도록 귀여운 남매 스토리 양대 산맥 〈맥스 앤 루비〉랑 〈찰리 앤 롤라〉,

파닉스 발로 떼게 해주는 미친 DVD 〈립프로그〉〈슈퍼 와이〉,

영어, 음악, 미술을 동시에 접하게 해주는 〈리틀 아인슈타인〉,

빨간 개 〈클리포드〉,

사내놈들 미쳐버리는 〈칙칙폭폭 처깅턴〉〈소방관 샘〉〈달려라 카카〉,

초딩도 환장하는 〈베런스타인 베어즈〉〈아서〉

〈제로니모 스틸턴〉〈엘로이즈〉까지!

특히 〈호리드 헨리〉는 7살 때부터 줄창

빠져서는 딴 거를 모두 거부할 정도로

완전 대박이었다.

DVD를 먼저 노출해주고 챕터북을 넣어주었더니,

긴 글밥도 별 거부감 없이 읽어 내려갔다.

〈리틀 베어〉나 〈미스 스파이더〉〈베렌스타인 베어즈〉〈밀리 몰리〉 등은

잘 때 일어날 때 흘러듣기로 넘 좋다.

사실 자막은 있든 없든, 한글이든 영어든 큰 의미가 없다.

무자막이어도 상관없는 까꿍이는 자막 없이 틀면 되고,

5~6살 이후 늦게 노출이 들어간 아이들은 무자막에 영어로 씨불거리면

승질 내거나 안 본다. 뭔 말인지 모르니까 재미없지.

그런 애들은 한글 자막 넣어 실컷 보게 하면 된다.

애들은 한두 번만 봐도 거의 내용 외운다.

세 번째 볼 때부터는 무자막이나 영어자막 넣어주면 된다.

어차피 IPC-8090으로 화면 없이 일상에서 수시로 틀어줄 거니까

자막 유무에 얽매어서 애랑 신경전 하지 마시라.

생각해보라구. 장동건 나오는 '신사의 품격'이 중국어 더빙이야.

자막도 읍써. 재미나겠어? 안 보겠지? 한글 자막 넣어줘야 보지.

근데 자꾸 보다 보면 인사말 들리고 워아니~ 들리지 않겠냐구.

똑같다. 자막으로 애 잡지 마라.

하은이 속독에 영어 DVD 자막이 지대한 영향을 미쳤다는 거

알랑가 모르겠네.

영어자막은 영어책 읽는 효과도 있고.

하은이는 오랜 시간 그렇게 해와서 영어 DVD에 대한 거부감 없이

그 문이 활짝 열려 있다.

그래서 〈위씽〉부터 수준 높은 미국 드라마까지

구분 없이 즐겨 보는 아이가 된 거다.

유튜브로 영어 공부? 영상 몇 개 보다 보면

머신 러닝이 추천하는 관련 영상이 꼬리에 꼬리를 무니

호기심 많은 아이들 샛길로 빠지기 딱 좋다.

목적을 가지고 엄선된 콘텐츠만 노출하기 위해선 DVD가 제격이다.

집에는 수백 장의 영어 DVD가 고속열차 DVD 보관함에

시리즈 별로 좌라락~ 꽂혀 있고,

친정에 있는 외장하드에는 또 수백 편의 영화들이 좌라락~ 저장되어 있다.

지가 보고 싶은 거 리모컨으로 골라서 수시로 본다. 심심할 틈이 없다.

애미는 그 시간에 집안일도 하고, 책도 보고, 친구랑 통화하고

뭔 지랄을 하든 애가 안 달려든다. 넘 편하다.

물론 그 이상의 시간을 다양한 한글책, 영어책을 보고

하루 1시간씩 영어 집중듣기를 하며 또 그 이상의 시간만큼 논다.

주말이면 교회도 가고, 친구들도 만나고,

늙은 애미 어쩌다 체력 되는 날(계 탄 날) 들로 산으로 박물관으로

나들이도 다닌다. 하은이는 인생이 즐겁단다.

하은이 뻥 까게 만들고 싶으면 영어 DVD 주야장천 틀어주시라.

영어 DVD 또한 '마중물 이론'이 그대로 적용된다.

한꺼번에 왕창 들여 애 식겁하게 만들지 말고

조금씩 세트로 꾸준히 구입해 틀어주면 된다.

지문이 닳도록! 롸잇 나우!

아 됐고!
무조건 읽어주고, 무조건 틀어주고!

그냥 책 읽어주고! CD 틀어주고! DVD 보여주면 땡! 이다.

또 뭐? 딴 거 해봤잖아~ 되든? 애가 환장하디?

생활영어 꾸준히 하기가 하버드대 입학하기보다 힘든 거 겪어봤잖아?

애미 체력에 맞게, 내 능력에 맞추어

내가 해줄 수 있는 최선을 아니, 최선도 힘들어 우린…

차선의 차선이라도 끊기지 않고 가늘고 길게 꾸준히 해주는 게

'엄마표 영어'라는 거지.

단, 영어책은 '밥', DVD는 '반찬', 영어놀이는 '디저트'다.

재미난 영어놀이는 해줘도 그만, 안 해줘도 그만!

놀이가 메인이 되면, 영어 기초체력은 받쳐주지 않는

불균형 상태가 된다는 거다. 건강만 나빠지고.

세이펜 활용은 내가 봐도 눈깔 튀어나오게 편하고,

아이패드에 음원 넣어 집중듣기 하는 하은이를 보면

세상 참~ 편하다 싶지만 역시 메인은 '엄마 목소리로 영어책 읽어주기'다.

변치 않는 진리다.

그리고 애미는 영어책의 모든 내용을 다~ 이해하고 있을 필요도

책에 나오는 모든 단어의 뜻을 완벽하게 꿰차고 있을 필요도 없다.

애가 특별히 해석을 원하지 않는 이상,

그냥 쓰여 있는 내용 그대로 읽어만 주면 된다.

애가 뭔 뜻이냐고 해맑은 얼굴로 물어보면

쫄지 말고, 땀 흘리지 말고 일단

"어므나! 우리 하은이 어쩜 이런 걸 다 물어봐? 이게 궁금했어? 세상에!

에구 우리 똘똘한 하은이~ 엄마두 이 할머니가 왜 파리를 잡아먹었는지

궁금했는데 하은이는 왜 그런 거 같애?" 하고 시간을 벌어라.

그럼 애도 얼레벌레 엄마 칭찬에 기분 좋아서 궁딩이 부비다가

궁금해서 다음 장 넘겨본다. 그럼 가슴 쓸어내리면 된다. 휴~

애가 원하는 건 정확한 해석이 아니라,

엄마의 기민하고 감격적인 반응이다.

영어의 첫 단추는 그렇게 따뜻해야 한다.

엄마의 무릎에서 느껴지는 따스한 정과 사랑이고…

영어 발음이 수준급일 필요는 더더욱 없다.

그냥 필리핀 발음 그대로, 뜻 모르는 삼룡이 모드 그대로,

무릎팍 내 새끼도 모르고, 내도 모르는 그대로…

무쉭하게 무한반복으로 읽어주다 보면,

누구나 하은이가 되고, 김연아가 되고, 나승연이 된다.

그냥 따지지 말고 이책 저책 요책 조책 닥치는 대로 많이 읽어주다 보면

자연스럽게 뜻을 알게 되고 파닉스를 떼고,

심봉사 눈 뜨듯 문법에 눈이 뜨이고 귀가 뚫린다는 거다. 애미도 덩달아!

영어는 귀가 먼저 뚫리면 눈이 뜨이고,

입이 트이면, 쓰기는 자동으로 이루어진다.

Listening-Reading-Speaking-Writting이 순차적으로 이루어지는 걸

하은이를 보면서 느꼈고,

주변의 수많은 아이들이 저 네 가지 활동을

어거지로 한꺼번에 이루려는 학원의 압박에

얼마나 힘들어하고 지겨워하다 나가떨어졌는지 수없이 봐왔다.

지구인 엄마는 일단 아이 귀부터 뚫어놓으면 게임 끝이란 얘기다.

하루 종일 애 끌어안고 영어책 읽어주고 앉아 있을 수 없는

슬픈 운명의 식모살이 우리 애미들에게

그래서 '영어 CD와 영어교육용 DVD'는 필수이자 목숨이자 숨통이다.

책 - 재미있는 영어책 하루 5~10권 꾸준히 읽어주고,

흘려듣기 - CD나 DVD 하루 3시간 이상 틀어놔주고,

집중듣기 - 8세 이후부터 하루 10분씩 꾸준히 하고,

DVD - 수준에 맞는 교육용 DVD 실컷 보여주기.

하은이 영어의 기본이다. 이게 다다. 딴 거 없다.

책이 삶의 베이스가 된 하은이는 꽂히는 DVD가 한편 생기면

식음을 전폐하고 하루 5~6시간씩 DVD만 본다.

일명 '바닥치기'.

중간에 끄지 않는다. 끄면 발광한다. 3세 이후론 포기했다.

자기가 보고 또 보고 질릴 때까지 하루 종일 며칠을 봐야

바닥을 치고 탁! 끄고 나온다. 그다음엔 보라고 해도 안 본다. 몰입의 힘!

녀석은 책도 DVD도 놀이도 모두 그랬었다.

그게 지금의 하은이를 만든 원동력이었다.

여기의 필수 전제 조건도 '널럴한 시간'이다.

그래서 내가 사교육을 죄다 끊어주라고 난리 치는 거고.

고기도 먹어본 놈이 잘 먹는다.

마블링이 환상인 1등급 한우도 씹어본 놈이 잘 씹는다.

영어 CD도 들어본 놈이 잘 듣고, DVD는 두말할 나위 없다.

어느 날 포르투갈어 하나도 모르는 당신한테

엄마가 갑자기 재미나고 훌륭한 책이라며

글밥 6줄인 포르투갈 리더스북 사주고 재미나게 읽으라면 기분 어떻겠어?

썅~ 소리 나오겠지? 집 나가고 싶지 않겠어?

근데 어렸을 때부터 느끼는 둥 마는 둥

엄마가 쉽고 재미난 포르투갈어 DVD 보여주고 동요 CD 틀어주고,

엄마 영어 발음이 수준급일 필요는 더더욱 없다.
그냥 필리핀 발음 그대로, 뜻 모르는 삼룡이 모드 그대로,
무릎팍 내 새끼도 모르고, 내도 모르는 그대로…
무쇠하게 무한반복으로 읽어주다 보면,
누구나 하은이가 되고, 김연아가 되고, 나승연이 된다.

대빵 쉬운 포르투갈어 책 읽어주고 그래서

기본적인 건 대충이라도 알아먹겠어.

그 상황에서 책 사주고 읽으라면 뭐 그냥 헌신하는 마음으로

읽어는 주겠지.

아님 한 권 읽을 때마다 스티커 주고 한바닥 다 붙이면

루이뷔통 가방 사준다면 빛의 속도로 다 읽겠지? 안 그래?

뭐라도 하면 된다.

샀다고 책장에 가지런히 꽂아만 놓고 할 도리 다했다

생각하지 말란 말이다. 그건 책이 아니라 '병풍'이다.

사기만 하고 읽어주진 않는 북 콜렉터 엄마가 좀비처럼 늘어나는 요즘,

점점 더 왜곡되어가는 책육아와 엄마표 영어의 현실에

난 주먹이 불끈 쥐어진다.

애가 사준 책 안 읽으면 그동안 노출하지 않는 나의 과오를

피 철철 흘리며 반성하고 자책한 후,

눈물 닦고 새로이 시작하는 맘으로

읽어주고, 틀어주고, 보여주면 되는 거다.

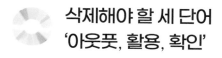

삭제해야 할 세 단어
'아웃풋, 활용, 확인'

가진 능력에 비해 욕심만 많아가지구 남들 해주는 거 나도 해주겠다고
일 벌이다 내 맘대로 잘 안되면 괜히 애만 잡고.
애가 해달라고 한 것도 아닌 놀이들, 풀겠다고 하지도 않은 워크시트들,
만들어달라고 하지도 않은 허접한 영어놀이 교구들 괜히 만들어
활용하겠다고 시켜놓고 즐기라고! 말하라고! 답하라고! 족치던
어이상실 미친 공산당 애미. 그게 바로 나였다.
그렇게 오랜 시간을 내가 끼고 앉아 책 읽어주고 틀어주고 보여줬는데
애가 빙신같이 어버버버~ 말 못 하고 눈만 히번덕거리면
갑자기 의심병이 도저 왔다.
5세부터 영어유치원 다니며 책육아는 코빼기도 안 하던 옆집 애는

영어로 말해대고 영어 일기도 막 써댄다며 난린데,

집구석에 영어책이 3000권이 넘어가는

5살 내 자식은 영어 아웃풋은커녕

"영어 꺼! 한글로 틀어줘! 영어책 싫어! 애플 아냐! 사과야!"

이러구 앉았다. 아흑~~

극한의 한계에 이르러 토네이도급 짜증이 몰려오면

웨이러미닛! 할 새도 없다.

"이거 몰라? 그렇게 많이 읽어줬는데도 생각이 안 나?

빨리 말해! 하나, 둘, 셋! 얼른~!"

나는 누구인가, 이게 사람인가. ㅜ_ㅜ;

차라리 잘해보겠다고 댐비질 말걸.

엄마표 영어 하겠다고 시작도 하지 말걸.

겉절이 같은 내 인생. 애 하나도 어찌하질 못해 이리 엠병질이니, 원!

차라리 다 때려치울까?

'아웃풋'이란 단어를 몰랐더라면 그러지 않았을 건데, 그게 뭐라구.

'반항기'와 '천사기' 이후 찾아온 '부끄럼기' 때문에

모든 게 부끄러워 애가 입을 닫았던 건데…

하나를 알아도 하나를 표현하는 옆집 애와 달리 본인이 완벽하다

느껴질 때까지는 절대 드러내지 않는 녀석의 기질 때문이었던 건데…

녀석의 마음을 들여다볼 생각은 하지 않고

아웃풋으로 내 삶의 이유를 찾으려 했던 못난 애미가 바로 나였다.

얼마나 하기 싫었을까, 얼마나 부끄러웠을까, 얼마나 무서웠을까.

영어의 완성을 위해 앞만 보고 달리며 무시했었던

녀석의 감성과 정서가 조금씩 상처받아가고 있음을 깨달은

6살 어느 날,

'아웃풋'이라는 단어를 내 인생에서 영원히 삭제해버리기로 했다.

'인풋'만 있는 거다. 그냥 하은이의 눈에 갖다 붙이자. 마음속에 부어주자.

하은이는 다른 아이들보다 채워야 할 그릇이 큰 거뿐이야.

하나씩 하나씩 부담 주지 않고 채워주다 보면

언젠가 차서 넘칠 날이 올 거야.

그게 7살일 필요도, 초등 3학년일 필요도, 중등 1학년일 필요도 없어.

어차피 진검승부는 10년, 20년 후인데…

그 이후로 절대 확인하지 않고,

'놀이'라는 이름으로 나 스스로를 옥죄어오던 활용질을 모두 내려놨다.

점순네를 탈퇴하고 초록이닷컴도 지웠다. 맘에 평화가 찾아왔다.

읽어만 주는 것도 넘 고마운 영어책 읽는 하은이의 여린 뒷모습이

이제야 눈에 들어왔다.

눈물이 났다.

그래, 이대로만 가자. 가늘고 길게. 끈만 놓지 말자.

아무런 활용도 하지 않고 그냥 사서, 읽어주고, 읽게 하고, 틀어만 줬다.

준비하고 만들고 영어표현 밤새 외우고, 잘하는 엄마들 후기 볼 시간에

푹~ 자고 일어나 녀석의 맑은 얼굴 쓸어주며 즐겁게 하루를 보냈다.

영어책은 영어공부 교재가 아니라
책 자체라는 진리의 깨달음이 있었을 뿐인데,
초등 3학년 어느 날 〈해리 포터〉를 줄줄 읽는다.
아니, 이제 두 줄짜리 리더스북 겨우 읽고 있다 해도
이렇게 건강하게 내 곁에 있어 주는 것 자체가
최고의 '아웃풋'이다.

하은맘 영어 환경의
1등 공신 3총사

1. IPC-8090

하은맘 영어 환경의 1등 공신은 바로 요거!

강의할 때마다 엄마들의 폭발적인 반응을 절로 불러일으키는

그 물건 'IPC-8090'이다.(하은맘이 썼던 IPC-7080의 업그레이드 버전!)

CD, 라디오는 기본 빠따루 재생 가능하시고

DVD를 넣고 TV와 연결하면 화면으로 볼 수 있음은 물론,

화면 없이 소리만 재생하는 것도 가능하다.

여기에 MP3나 동영상을 USB에 담아 꽂아도 플레이된다.

어학용으로 쓰기 딱 좋은 CD, DVD 플레이어다.

이 녀석의 핵심 역량은 역시 TV 전원을 끄더라도

DVD 소리를 들을 수 있는 데 있다.

하은이 초등 2학년 들어가면서 구입했는데,

세상에 요렇게 내 입맛에 짝짝 맞는

영어교육용 플레이어가 왜 이제야 나왔냐고요~

주중엔 새벽에 헤어져 저녁 늦게 들어오는

애미 때문에 주로 친정에서 책 보고 영화 보고

집중듣기 하는 게 다인지라,

집에서는 잘 때, 놀 때, 딴짓할 때 근처에 놓고

〈밀리 몰리〉, 〈레이지 타운〉, 〈제로니모〉 같은

그 시즌에 환장하는 DVD를 틀어놓고 영어를 들려주곤 했다.

거실 TV 밑에 한 대, 안방 침대 옆에 한 대,

주방 식탁 옆에 한 대 총 3대를 돌렸다.

물론 사부작사부작 한 대씩 더 들인 건데, 2대일 때 더 편하고

3대가 되면 영어 노출 빈도가 압도적으로 늘어난다.

내가 강의 때나 주변 책육아 하는 엄마들한테 항상 부르짖는 3가지

'흘려듣기, 집중듣기, 영어 DVD!'

그중에 엄마들이 젤 난감해하고 진행이 잘 안되는 게

하루 30분 집중듣긴데, 책으로 집중듣기가 어렵거나 진입이 잘 안되면

아이가 잘 보고 좋아하는 영화를 소리만 듣게 하면 생각보다 쉽게 풀린다.

화면 없이 소리만 들으니까 안 들리던 대사와 표현들이 더 잘 들리고

안 듣던 아이도 IPC-8090 앞으로 슬슬 가까이 다가오면서 듣게 된다.

아침에 일어나면 바로 요놈을 켜고 DVD 소리만 들려주면서

준비시키다가 혹 시간이 남아 화면까지 보고 싶다면 TV를 켜고

외부입력 단추를 눌러주면 화면이 나온다.

흘려듣기 하다가 바로 집중듣기 모드로 이어지는 이 끝내주는 메커니즘!

애기 때부터 여전히 좋아하는 〈까이유〉. 발음도 명확하고 넘 빠르지 않고,

쉬운 생활영어 표현들이 마구마구 쏟아져 나와서 너무너무 좋다.

〈토이 스토리 1, 2〉는 초등 2학년 때 한동안 빠져서

근 한 달을 보고 또 보고 그랬던 것 같다.

안 듣는 것 같아도 어느 순간 듣고 있다.

잠들 때나 멍 때리고 있을 때 들려주면 완전 대박이다.

자주 반복해서 들려주면 영화의 주요 대사들은 통으로 외울 정도가 된다.

그 많은 단어와 긴 문장들을 내 자식이 통으로 외우며

영어를 익혀간다고 생각해보라.

수능 영어영역 고득점, 듣기평가 문제없지 않겠는가?

(실제 결과도 2019 수능 영어영역 만점!)

영어학원 뺑뺑이 돌며, 코스북, 문법책 맨날 풀어댄들

이게 될 법이나 한 일인가? 정녕.

2. DVD 보관함

엄마표 영어는 집에 시스템을 먼저 갖춰놓는 게 무엇보다 중요하다.

헤드 나간 DVD 플레이어, 용량 다 찬 100년 된 컴퓨터로는

엄마표 영어 죽었다 깨나도 진행 안 된다.

DVD를 고급스런 케이스째 보관? 절~때루 못한다.

가정 방문을 많이 하다 보면 책육아는 그렇다 치고

엄마표 영어가 왜 그렇게 잘 안되고 힘든지,

노출이 왜 그렇게 잘 안되는지 그 이유를 알.겠.다.

처음엔 교육적으로 설명하고 이해시키려 애썼는데,

가만 보니 문제는 집에 이게 없어서였다.

'DVD 보관함'

CD, DVD가 집에 많지도 않지만

몇 개 있는 애들도 죄~다

원본 케이스에 고급스럽게 들어가

앉아들 계시고,

순서 맞춰 진열해 놓으셨다.

개 중엔 먼지 타지 말라고 유리문까지 달려 있다는~

아니, 얼마나 그렇게 부지런들 하시길래

애 오면 언제 DVD장까지 뚜벅뚜벅 걸어가서 제목 보고,

케이스 열고, DVD 꺼내서, 플레이어에 넣고 틀어주시는 건지…

그 사이 아이는 DVD 보려는 생각 홀딱 날려버리고,

지 방에 있는 파워레인저 장난감 갖고 놀고 있거나

그 사이 애미가 틀어놓은 TV 외부입력 변경해 짱구나 도라에몽에 빠져서

"이거 볼 거야! 영어 싫어~" 목 놓아 울고 있을 텐데…

그니까 영어 노출이 힘들지. 엄마표 영어는 '노출'인데…

IPC-8090과 환상의 짝꿍 DVD 보관함!

보관함 한 개에 60장까지 꽂히니,

집에 굴러다니는 귀신딱지 같은 CD, DVD 모두 수납된다.

침대 옆, 플레이어 옆에 3개 좌르륵 놓고

하나는 CD 넣고, 하나는 DVD 넣고, 하나는 집중듣기용 CD 꽂아놨다.

녀석이 쏙쏙 찾기 쉽도록.

집중듣기용 케이스에서 바로바로 CD 찾아

〈티아라 클럽〉, 〈주니비 존스〉도 듣고,

〈앤드류 로스트〉, 〈윔피 키드〉, 〈39 클루스〉도 듣는다.

요거 없으면, 아마 맨날 CD 찾다 DVD 찾다가 하루해가 갈 거다.

하나둘 돈 처들여 사쟁겨놓은 〈노부영〉 CD 어디 잘 놓은 거는 같은데

어디 쑤셔 박혀 있는지 도통 모르겠구, 이사나 가야 찾아질 것 같구,

잘 놀고 있는 애한테 니가 잃어버린 거 아니냐고 지랄하며

보낸 날이 얼마나 많았던가.

세상에 재미난 CD, DVD가 그렇게 많고,

그걸 죄다 요 보관함에 때려 넣어놓으면 애가 지 손으로 꺼내

자기주도 영어 노출을 일삼을 건데…

고민하고 비교하고 주저하며 시간 보내다가

내 아이의 초등 입학은 도적처럼 다가온다. 아차 하는 순간!

동선의 최소화, 행동의 간소화!

당장 실천하라. "저희 집엔 DVD가 별로 없떠요~" 자랑이다!

애 키우는 집에 영어 DVD 몇 장 없어서 우짤라고.

일단 DVD 보관함을 먼저 사시라.

그럼 그 많은 양의 아니, 많아 보이는 CD와 DVD들이

요 DVD 보관함에 다 들어간다.

개코딱지만 한 양에 잠시 빈정이 확 상할지라도

그 행동 하나가 영어 노출의 새로운 장을 열게 될 것이다.

여기서 잠깐!

DVD 보관함과 IPC-8090은 쌍둥이처럼 꼭 붙어있어야 한다.

호가 '치매'이며 가훈이 '게으름'이고 세례명이 '귀차니스트'인

우리네 애미들은 저 멀~리 다니면서

영어 CD 틀어줄 힘도 체력도 없기 때문이다.

고개를 돌려 팔 뻗어 손닿는 곳에 IPC-8090이 있어야 하고,

바로 옆에 있는 보관함 꾹~ 눌러 CD 골라 IPC-8090에 넣고

네버 엔딩 플레이시키면 된다. 너무 쉽다.

하은이는 거실에서 DVD 영상도 많이 보지만,

잠자리나 평상시 놀 때, 책 볼 때 소리로만 듣는 시간이 훨씬 많다.

DVD를 IPC-8090으로 듣기!

침대 바로 옆에 DVD 플레이어가 있고, 바로 옆에 보관함이 있어

새벽에 내가 일어나면서 바로 켜고,

하은이 잠들고 나면 1시간 더 돌아가게 놔두다가 팔 뻗어 끄고 잔다.

그렇게 쉬워야 한다.

암튼 엄마표 영어가 잘 안되는 이유는 엄마가 부지런하지 못해서가
아니라 IPC-8090이랑 DVD 보관함이 없어서 그런 거였다.

사면 된다. 그럼 신기하게 엄마표가 된다.

영어는 노.출.이니까!

3. 회전책장

결국 육아는 '환경의 게임'이다.

얼마나 편한 환경을 구성해 놓느냐가 관건이다.

집에 재미있는 전집 몇 질 없고, TV가 항상 켜있고,

집안 곳곳에 치우지 못한 장난감들,

시기 훌쩍 지난 쏘서, 미끄럼틀, 장난감 나부랭이들이 널브러져 있고,

애 교육이라는 이름 앞세워 요일별로 센터 싸돌아다니는 집에서는

책 좋아하는 아이로 절대 클 수 없다!

아니, 할 수는 있다.

애미가 하루 2~3시간씩만 자면서도 아이와 즐겁게 놀아주고,

몇 권 안 되는 책 수시로 갖고 와서 미친 듯이 재밌게 읽어주고,

아이의 눈빛을 듀얼 코어센서로 감지하여 0.1초의 속도로

플레이어로 달려가 CD 틀고, DVD 플레이하고,

매일 도서관에서 책 빌려다 들이밀어 주고,

책으로 부족한 경험을 채워주기 위해

일주일에 3~4번씩 체험 학습시켜주면 된다.

그러면서도 내 몸 피곤하다고 절~대 아이에게 짜증 내거나 화내면 안 된다.

책보다도 영어보다도 체험보다도 중요한 게 '배려'이기에…

결론은 돌도 씹어 먹을 체력의 20대 애미만 가능하다는 사실!

난 체력도 바닥이고, 늙어 애 낳아서 만사가 귀찮고,

일단 앉으면 다시 인나기가 죽기보다도 싫고,

승질머리는 전국 배틀 1등 감인지라 집에 책이 많아야 했다.

그냥 내 모지란 머리로 생각해도 10분 고민 끝에 그런 결론이 따악 나왔다.

단행본 몇 번 골라 보다 그 담날 컴터 앞에서 띠발띠발 하고 있는

나 자신을 발견하고는 그냥 싼 전집 들여

'니가 골라서 봐라~' 권법으로 쭉 해왔다.

그래서 자연스레 '책장 홀릭녀'가 돼 부렸다. 집에 없는 책장이 없다.

전집 사은품 4단 책장을 시작으로 공간박스 찌끄레기,

별달 문짝 책장, 1200 책장, 아빠차트, 삼촌차트, 전면 철제 책장 등.

어떻게든 가까이 책을 끌어오려는 계략이다.

그럴 수만 있다면 피곤한 애미는 영혼이라도 팔 수 있었으니까.

그러다가 발견한 요거! '회전책장'

빙글빙글 돌려가며 지가 읽고 싶은 책 찾아

꽂히는 게 있으면 그 자리에 앉아 한참 본다.

교보문고에서나 볼 수 있는 풍경을
집으로 끌어왔다.

서점 갈 때마다 이런 거 울집에도
있으면 넘 좋겠다고 생각했었다.

찾아보니 유명디자이너가 만든
비싼 수입제품! 하지만 요건 무지 간단한
조립식이다. 그래서 가격이 싸다.

물론 사기 전에 4,500만 번쯤 고민했다.

'벽의 반을 차지하는 1200 책장보다 휠 비싼데 사치야~ 낭비야~!'

하지만 결국 주문창을 열어버렸다.

후회도 잠시, 애가 등짝을 수시로 보여주고, 새로 산 문고판 책 열심히
꽂으며 "딱~ 좋아 엄롸!" 하는데 뭘 더 바라겠는가.

내 책 꽂아놓을 용도로 3단도 샀다.

새해 벽두마다 냉장고 문짝에 달력에 써 붙이는 말

'게을러지지 말자. 부지런해지자. 흔들리지 말자. 미루지 말자.'

백~~~날 써놔서 삶이 나아지드나?

차라리 '난 게으르다. 난 피곤하다. 난 귀찮다. 난 우유부단하다'라고
쓰고, 그런 나에게 맞춰 환경을 재구성하라.

게으르고 피곤한 나에게 맞춰진 심플한 환경.

뭐 하나 결정할 때 오~래 걸리는 나에게 맞는 멘토와 조언가 찾기.

그래야 삶이 달라진다.

영어 책육아 하기 좋~은 시절이다

유아 영어 DVD계의 최고 남매 주인공을 꼽으라면,

단연 <찰리 앤 롤라>의 찰리 오빠와 이쁜이 롤라를 꼽겠다.

그럼, 서운해서 삐질 남매들이 몇 있겠지?

바로 요 남매~! 도라랑 사촌오빠 디에고 되시겠다.

이 남매의 이국적인 외모와 친숙한 몸매라니… 아흐~

4살 까꿍이 시절, 하은이의 도라 사랑도 완전 대박이었다.

온종일 도라도라~ 엄마도 옆에 앉아봐라~

대답은 엄마가 해달라~ 자기는 부끄러우니~

도라가 DVD 클로징 때

"얘들아~ 너희들은 오늘 뭐가 젤 재밌었니?"하고 물어보는데

하은이는 대답하기가 너무너무 부끄럽단다.

그럼 난, 무릎 나온 츄리닝에

모가지가 늘어날 대로 늘어나 레이스가 되어버린 티샤쓰를 입고,

3일 안 감은 머리 깻잎처럼 쫙~ 이마에 붙인 채 강제 대답해야 했어.

"응~ 난 폭포에서 별 찾은 게 젤 재밌었어~"

그래. 정말 더~~럽게 재밌었.었.었.었.지.

120

헌데, 지금은 더 이상 DVD 볼 때 날 부르지도, 옆에 앉히지도 않는다.

지가 볼 거 지가 틀고, 혼자 깔깔대며 웃다가 진지했다가

지가 알아서 다~ 한다.

이제 피곤하다고 징징대지도 않아.

그냥 조용히 편한 자리 가서 누워.

이제 손이 안 가. 그게 더 슬퍼, 난…

옆에서 대답해달라 그럴 때 설거지해야 된다고

꼭 설레발치며 인났었는데…

그러지 말걸… 더 실~컷 옆에서 맞장구쳐줄 걸…

엄마 옆에 앉혀두는 거 오래 안 가던데…

그 까꿍이 아가 때 그게 얼마나 재밌고,

엄마랑 꼭 같이 느끼고 싶고,

같이 노래 따라 부르고 같이 춤추면서

부둥켜안고 깔깔거리고 싶었겠어. 그 순수한 마음에…

더 많이 더 같이 해줄 걸…

"위 디딧~! 위 디딧! 예~~!!"

하며 궁댕이 씰룩거리던 귀여운 똥띠 하은이가 아직도 생생한데…

정말이다.

나한테 앵겨 있을 때 실컷 읽어주고, 물고 빨아주고

같이 보면서 춤추고, 노래 불러줘.

짧았지만 그렇게 함께하는 순간 속의 녀석의 터질 듯 깔깔거리던

그 눈빛을 잊을 수가 없거든.

엄마표 영어는 그래야 돼. 딴 거 없어.

엄마가 그냥 옆에만 있어 주면 되는 거야.

후배 선물 줄 일 있어서 요 '디에고' 리더스북을 샀는데,

아흑~~ 책이 너무 좋은 거야!

하은이 때는 이런 책 있지도 않았었고,

죄다 수입 원서라 한 권에 8,000~9,000원은 기본이었어.

CD 음원도 없이 책만…

이건 책 뒤에 CD도 다 들어 있는데, 11권 세트가 6만 원밖에 안 해.

읽어주기 딱 좋겠지?

글 사이사이 단어 유추할 수 있게 귀여운 그림도 있어.

카메라 들고 정글과 사막을 막 싸돌아다니면서

불쌍한 동물들 구해주는 정의와 의리의

살아 숨 쉬는 스펙터클 어드벤처 원더풀~ 스토리북이지.

아흐~~ DVD는 또 얼마나 재미난지,

"좌 도라~ 우 디에고"

DVD 옆에 차면 혹한의 외출 불가 겨울육아도 무서울 게 없다.

정~말 세상 좋아졌다.

책에 나온 모든 단어 들어 있는 초호화 단어 카드도 130장이나 들었어. 헐~

이래도 학원 보낼래? 이래도 '영유' 보낼지 고민돼?

단, 한두 살 까꿍이는 아직 사지 마라.

이거 엄연히 리더스북이다.

영어는 무조건 재미난 픽처북 먼저 접해야 돼.

5~7세 정도에 스스로 읽게 하고 싶은 엄마들만 사.

초등인데도 영어 책육아 시작 안 한 엄마들은 고민하지 말고 사고.

요 책으로 집중듣기 하면 딱이야.

이렇게 싸고 잘 만들어진 영어책들이 널렸는데도

영어는 어찌해야 할지 모르겠다고,

영어책 뭐 사야 할지 모르겠다고,

영어는 자신 없으니 전문가한테 맡겨야겠다고,

씨부렁거리는 애미들을 보면 난 정말 그냥 욕이 나와.

뒤로 살짝 돌아 복화술로 욕해.

이제부터 면전에서 씨불일 거다. 두고 봐라.

3장

시작은 온몸으로
끝은 발로 하는
책육아

66

사교육은 양약이고,

책육아는 한약이다

99

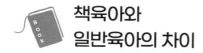

책육아와 일반육아의 차이

책육아의 길, 외로웠다.

손가락질하며 비아냥거리지만 않을 뿐,

무시하는 이, 의아하게 생각하는 이,

이렇게까지 할 필요가 있느냐며 혀를 차는 이도 있었다.

집에 책밖에 없다고 유난 떠는 엄마 취급, 고집쟁이 애미 취급,

나이 들어 애 낳아 세상 물정을 모르는 엄마 취급,

더 잘 클 수 있는 아이 내 아집으로 억누르는

무식한 엄마 취급 다 당해봤다.

하은이가 어릴 때는 특출난 것도 없고 아웃풋이 없는 데다,

일반육아로 여기저기 보내고 이 쌤 저 쌤 부르는

옆집 애가 더 뛰어난 거 같으니까,

나도 목소리에 힘이 안 실리고, 듣는 이도 신뢰가 안 갔더랬다.

집에 책 없는 엄마 만나 안타까운 마음에

조심스럽지만 정성을 다해 추천해주면 앞에선 듣는 척,

뒤돌아서면 언제 들었냐는 듯

전혀 행동으로 옮기지 않는 바람결 같은 엄마들의 모습에

힘이 쪽~쪽~ 빠졌더랬다. 이젠 말도 하지 말아야지, 입만 아파.

시키지도 않은 오지랖질 하지 말자 결심하고 입을 닫게 됐다.

그러다가 지금이 됐다. 내가 첨부터 욕쟁이 할머니였을라고.

크리스천 집안 큰 딸내미, 입에 걸레 물고 강의하고 다니는 거 알면

아부지, 어무니 기함하며 쓰러지실 거다.

사회가 나를, 엄마들이 나를 이렇게 만들었다. 무소의 뿔처럼 억세게.

그러는 동안 잡초 사이에서 피어난 올곧은 벼 이삭처럼 하은이가 커갔다.

큰 차이는 아니었지만, 녀석이 코딱지만큼 도드라지기 시작했다.

풍부한 지식에 앞서 사교육으로는 절대 배울 수 없는 사회성,

특히 인성적 부분인 예의, 도덕, 배려, 친절, 너그러움 덕분에

애 잘 키웠다는 말이 좁쌀만큼 들려오기 시작했고,

집에 찾아오고 싶어하는 이들이 생겨났고,

하은이는 뭘 시키냐며 좀비처럼 물어오는 애미들이 늘어갔다.

내 말에 힘이 실리는 듯했고, 족보를 물어왔고,

개코딱지만큼 알아듣는 듯도 했다.

여전히 행동 느리고, 고민하고, 갈등하다
세월 다~ 보내는 경우도 많지만 듣는 게
어딘가 싶었다.
그만큼 엄마들은 잘 안 바뀐다. 잘 안 듣는다.
자신들이 해온 교육방식이 정석이고 진리고,
책에 있어서도 자신들이 타고 있는 전집, 출판사
라인이 명문대를 향한 동아줄이라도 되는 양 놓지를 못한다.
그만큼 책육아와 일반육아의 간극은 우리가 상상하는 것 이상으로 크다.
책육아와 일반육아의 차이는 말하자면 '종교의 차이'와 맞먹는다!
완전히 다른 길을 가는 것이고, 완전히 다른 마인드로 사는 것이다.
진정한 '책육아'란 아이 교육의 90% 이상을 책
즉, 독서만으로 이끌어가면서
나머지 부분을 학습이 가해지지 않은
순수한 놀이로 채워가는 것을 말한다.
영 · 유아시절에는 다른 어떤 사교육도 보내거나 부르지 않고
집에서 빈둥거리는 와중에 아이의 인성과 지성과 감성을
책으로 다져가는 거다.
물론 초등학교에 입학해서도 피아노나 태권도 같은 예체능 1~2개 정도를
제외하곤 최대한 시간을 확보해주어야 한다.
충분히 놀고 충분히 독서할 수 있도록.
다른 아이들보다 멍 때리는 시간도, 빈둥거리고 뻘짓하는 시간도 많지만

책 읽는 시간은 비교도 안되게 많다.

허나 그것이 절대 하루아침에 이루어지지 않는 모습이기에

까꿍이 시절부터 가랑비에 옷 젖듯이 스며들게 하려고

엄마의 사회성, 욕구, 소비, 유흥 등을 잠시 유예시키고

딱 애 끼고 앉았던 거였다.

난 책 읽히기가 제일 쉬웠다.

노산에 피곤하고 게으르고 만사가 귀찮아 죽겠는 늙은 애미는

애 시간 맞춰 데리고 다니는 것보다 책 읽어주는 게 훨씬 편했다.

그리고 일반육아에 비해 돈도 훨씬 적게 들었다.

한 달에 한 질 책 들이기!

메이저급 책과 메이저를 발로 뻥 까는 준메이저 책들을

모두 10만 원대 중고전집으로!

지금은 절판됐지만 고수들 사이에서는 성경으로 칭해지는

숨은 진주 같은 책들을 50권 한 질에 7~8만 원이면 살 수 있었다.

한꺼번에 여러 질이 아닌 매달 한 질씩만 들여놓으니

가계에 부담도 전혀 안 갔다.

어떤 달은 한글전집, 어떤 달은 영어전집을 들여

집에는 총 6,000권 정도의 책이 항상 찰랑찰랑 차 있었다.

거실도, 안방도, 하은이 방도, 문간방도.

곳곳에 빈 벽만 있으면 마약 환자처럼 손 떨며 줄자 대가며

무식하게 책장을 들였다.

이사할 때마다 아저씨들한테 진상 취급받고

오는 사람마다 혀를 내두르며 '도서관이네~ 서점이네~' 하는

비아냥거림도 부러움도 뭣도 아닌 시선을 받았지만,

녀석의 눈빛을 보면 전혀 흔들리지 않았다.

잠자리에서 옆구리가 쿡쿡 쑤셔 인나 보면 이불 밑에 책이 한가득이다.

이젠 가시매트에서도 숙면을 취할 수 있는 특수에나멜 등짝이 장착되었다.

책밖에 없다. 책이면 된다.

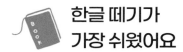

한글 떼기가
가장 쉬웠어요

왜 그렇게 두려워하고 겁먹어들 하는데?

애 키우다 보면 한글 떼기는 정말 '그깟 일'밖에 안 되는데…

한글 떼기의 첫째 조건은 그전까지 책을 얼마나 많이 읽어줬느냐다.

책으로 커온 아이들은 시기의 차이만 있을 뿐

한글 떼기가 쉽게 이루어지고

그렇지 않은 아이는 명문대 논술시험만큼이나 어렵다.

옆집 애가 한글 뗐다는 청천벽력 같은 비보를 접하고

책도 충분히 읽어주지 않은 애한테 갑자기 굴러다니는 책 들이밀며

"이거 읽어봐라~ 왜 넌 아직도 모르냐~ 누굴 닮았냐~"

(누구 닮았겠나. 날 닮았겠지…)

족치다가 확인 또 확인하고,

'난 도무지 못가리키겠네~ 두솔 선생님 불러야겠네~'

한 달 수업료 얼마 안 되니 뭐 가뿐히 질러주시고

초스피드 완성을 소망해보지만,

수업은 1년이 넘어가도록 결실을 맺지 못한다.

사실 아침에 인나면 눈 비비는 녀석 무릎에 앉혀 책 읽어주듯이

그냥 툭~하면 되는 게 한글 떼기다.

제때 애미가 쉬운 책 다독과 통문자 노출로 떼주면

힘도 들지 않을뿐더러 자연스레 읽기독립도 되고

다독으로 다져진 지성과 이해력으로 교과도 쉽게 따라가고

지 나름의 세상사를 슬기롭게 영위해 나가는 건강한 아이로 커간다.

헌데 그 첫 단추인 한글 떼기가 6~7살이 되도록 완성이 안 되니,

속독은커녕 읽기독립조차 안된 애한테 넌 왜 남들처럼 책 안 읽느냐고

니방 가서 책 읽고 독후감 쓰라고 족치고 있으니

애가 책에 빠져들겠냐고…

그니까 초등 입학과 동시에 다니던 직장까지 때려치우고

애 뒤꽁무니 졸졸 쫓아다니며 전전긍긍하지들.

알림장에 준비물, 숙제 일일이 챙겨주고, 시험 때만 되면 애 잡아가며

문제 같이 풀다 니 죽고 나 죽자 쑈~ 한 판 거하게 치르고,

독서 퀴즈 대회니 뭐니 애미가 애 책 열라 읽고 기출문제 뽑아주고,

인터넷 죄다 뒤져 초디테일하게 준비시켜 올백 맞았네, 1등이네 하는 게

무슨 대단한 엄마로 등극하는 줄 착각하고 있냐 이 말이다.

방학숙제도 죄다 애미들이 프린트해서 으르렁거리며 받아 적으라고 하고

그게 엄마 숙제지, 애가 스스로 해낸 결과물이냐 말이다.

그니까 SKY를 나와서도 지 앞가림 제대로 못 하고 캥거루 자식새끼들처럼

엄마 치마폭에 싸여 모지리 성인이 되어가고 있지.

한글 떼기의 구체적인 방법을 말한다면

'충분한 한글책 노출과 엄마와 하는 약간의 놀이'

이거면 충분하다.

아이가 한글에 관심 가질 때라면 6개월이면 가능하다.

탄탄하게 밀도 있게 제대로.

한글이 80% 정도 떼지고 난 후,

읽기독립 과정으로 바로 넘어가도 전혀 어색하지 않게.

엄마가 힘들지도 아이와 사이가 나빠지지도 않는다.

단, 동화책 읽어주기가 충분히 이루어지지 않은 상태라면

애미의 고통과 짜증과 인내와 불화가 넘실댈 것이니 각오하도록!

하은이는 그전까지 해왔던 것처럼 꾸준히 책을 많이 읽어주었다.

밤새 목에서 고양이 소리가 나도록 반복해서 읽어줬던

〈한솔 읽기그림책〉〈차일드 애플〉〈월드 픽처북〉〈도담도담 창작〉.

입에서 단내가 나도록 많이 읽고, 만지고, 가지고 놀고,

외출할 때 들고 다니고, 빼고 넣으면서

문자가 얼마나 많이 노출됐을 거며 외워졌을 거냐구.

특히나 지가 좋아하는 책은 두 돌 즈음부터 마치 한글을 다 뗀 아이처럼
넘기면서 줄줄줄 읽어댔으니, '내 자식 영재 환장병'이 그때 발병했다.
더불어 30개월부터 36개월까지 6개월 만에 한글을 뗀 하은이에게
집 근처 '간판 읽기'도 엄청나게 큰 도움을 줬다.

'밖에 나가요~병'에 심하게 걸렸던
까꿍 하은이 덕분에 낮이고 밤이고
수시로 끌려나가 할 게 뭐 있겠어.
이 간판 저 간판 정처 없이 읽어주고,
버스 타고 다닐 땐 내가 간판 앞 글자
읽으면 녀석이 뒷꼬리 읽기 놀이.

내가 "명지~" 하면, 하은이는 "부동산"하고 대답하는 식으로.
그렇게 주거니 받거니 하다 보면 버스 속 발광질도 잠재울 수 있고
시간도 금방 가고 일석이조였다.
중요한 팁 하나! 하은이는 '주의', '금지' 표시에 환장했었다.
뭐 하지 말라는 표시에 유난히 집중을 해서 그런 표시만 나오면
그대로 멈춰서 한참을 머리 처박고 읽고 쪼매난 글씨 다 읽을 때까지
움직일 수 없었다. 애미는 기미 생성해가며 한없이 기다려줘야 했다.
그 외에도 길거리 주차되어 있는 자동차 번호판 읽기, 버스 번호 읽기,
집 주소 읽기, 분식집 메뉴판 읽기, 횟집 수족관 앞에 쪼그리고 앉아
물고기 이름 읽기 등 멋들어진 놀이 한 개도 없이,
놀이라고도 할 수 없는 후진 일상의 활동들을 통해서 한글이 떼어졌다.

그러니 한글 떼기에 엄청난 비법이 있는 것마냥

물어보고 확인하고 모른다고 눈 부라리고 다그치며

'공부'라는 이름으로 애 잡지 좀 말고

그냥 놀아라. 노출, 노출, 노출, 제발 노출만…

컵에 물이 차야 넘친다.

물은 반이 차도 8할을 채워도 절대 넘치지 않는다.

낌새도 없다.

지지부진한 듯 보여도 다 차면 넘치지 말래도 결국 넘친다.

떼진다. 결과가 나온다.

충분히 넣지도 않고 넘치기를 바라니, 도둑놈 심보지…

녀석도 4~5개월 동안은 아웃풋도 거의 없고,

욘석이 아는 건지 모르는 건지 애미 속을 태울 때 무지 많았었다.

애미가 노출하다 지쳐 포기하고 싶을 때쯤,

한글 떼기 막판에 녀석이 떠듬떠듬 글을 읽고 있는 걸 우연히 발견했다.

가슴이 떨렸고 눈물이 났다. 한글 떼기라는 게 그렇다.

모든 걸 내려놓고 기대하지 않을 때

그냥 내가 할 수 있는 단순한 행동만 일상처럼 하다 보면

선물처럼 그렇게…

영어 때문에 만나는 수많은 엄마들.

허나 영어보다 딱 250배만큼 중요한 한글 떼기와 한글책 읽기가

제대로 안되어 있는 어이없는 상황을 수도 없이 접하다 보니

착하게 살려는 내 입에서 자꾸만 독설이 쏟아진다.

"그럼 지금 하고 있는 영어는 올스톱하고 한글부터 떼고
다시 시작해야 하는 건가요? 그런 건가요?" 노우!

한글 떼기와 영어 노출은 아무런 상관이 없다!

하은이는 본격적인 한글 떼기를 30~36개월에 진행했고,
본격적인 엄마표 영어 노출은 32개월부터 시작했다.

영어 노출로 한글 떼기가 더 빨라진다 느껴질 정도로
속도가 붙었었다.

그러니 '뭐부터 해야 하나, 어떤 스케줄로 해야 하지?'

'어디 누구 잘하는 사람 블로그 좀 뒤져볼까?'

짱구 굴리고 컴터 뒤질 생각하지 말고 현관에 붙어 있는
짜장면집 전단지 떼어와 애랑 같이 오리고 놀란 말이다.

애가 먹다 놔둔 칸쵸 상자에도 한글나라 수업 1년 치와 맘먹는
아이디어가 얼마나 많이 숨어있는지
오려서 스케치북에 붙이다 보면 알게 된다.

한글 떼기는 육아의 시작이고,
읽기독립은 육아의 끝이다.

반드시 엄마가 해주어야 하며, 누구의 손을 빌어서는 안 되는
중요하고 숭고한 작업이다.

내가 지금 써서 벽에 붙이는 포스트잇 한 장과 집에 날아온 전단지에서
애가 좋아하는 굽자치킨 글자를 오리는 가위질 한 번이

아이의 미래를 바꾼다.

지금 한글 떼기를 맘먹은 애미 츄리닝 바지 왼쪽 주머니에

포스트잇 한 다발이 들어있지 않다면 반성하라!

오른쪽 주머니에 마카펜이 들어있지 않다면 얼른 집어넣어라!

애 잘 때 같이 숙면을 취하고 기분 좋게 일어나

왼쪽 주머니에서 꺼낸 포스트잇에 내 자식이 좋아하는

뽀로로, 파워레인저, 백설공주 이름 하나씩 써서

애 손에 쥐여주어라. 그리고 씨불여라.

"옴마야~ 하은이가 뿡뿡이 멸치 먹여줬어? 세상에~! 어쩜어쩜~
이쁜 내 새끼~!"

엄마표 놀이로
한글 떼기 10단계

줄곧 강조했다시피 한글 떼기는

죽기 살기로 덤비지 않는 게 관건이다.

어차피 꼭 해내야 하는 건 맞는데,

애미가 너무 지레 겁먹고 걱정과 두려움을 짬뽕시켜

내 자식을 바라봐선 안 된다는 얘기다.

비유하자면, 한글 떼기는 이 닦기와 비슷하다.

애 이 닦이는데 십자군 전쟁 나가듯 두 주먹 불끈 쥐고 닦이진 않잖니?

아이 어릴 땐 엄마가 이를 닦아줘야 한다.

먹어도 해롭지 않은 딸기향 나는 치약을 적당히 보드라운 칫솔에 짜서

애 잇몸 상처 나지 않게 살살 닦아줘야 한다.

지가 크면 알아서 닦겠지 하고 한두 살부터 계속 그냥 놔두면
나중엔 다 썩어버려 양치질로는 수습이 안 된다.
새로 난 영구치까지 영향을 줘서 돈 억수로 쏟아붓고도
되돌릴 수 없는 치명적인 지경에까지 이른다.
한글 떼기 역시 영락없이 또옥~같다!
제때 무리 없이 적절한 방법으로 엄마랑 놀이하듯 한글을 떼주고
읽기독립 연습 기간 거치면 자연스레 지 스스로 쌓아놓고 읽는다.
하은이 한글 떼면서 온몸으로 느낀 큰 교훈은 가르치려 하면 더뎌지고,
놀아주며 기다려주니 속도가 붙는다는 것!
결국 책을 많이 읽어준 아이들은 물 흐르듯 자연스럽게
한글 깨치게 되는 건 자명한 사실인데,
여기에 엄마표 놀이가 양념처럼 더해지면 금상첨화.
실패를 거듭했던 한글놀이 중에서 홀대당하지 않고
그럭저럭 먹혔던 한글놀이 10가지 쓴다.
애마다 반응이 다르니 해줬다가 까인다고 포기하지 마라.
수시로 아웃풋 확인하지 않고 이렇게 꾸준히 한글로 놀아주다 보면,
어느 날 종알종알 책 읽고 앉았는 쪼그만 아이가 울 집에 있다.

1. 먹글자 카드 만들기

온갖 캐릭터 그려진 마트용 한글카드 살 필요 전혀 없음!
한글 노출이 풍부했던 32개월 하은이는 그림 없는

먹글자 한글카드도 거부감 없이 잘 받아들였다.

알파문고에서 두꺼운 도화지 100장과

A4 전체 라벨지 세 묶음을 샀다.

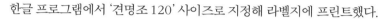

동물, 물고기, 과일, 꽃, 곤충 등 분야별로

대략 20~30가지 단어를 추려

한글 프로그램에서 '견명조 120' 사이즈로 지정해 라벨지에 프린트했다.

인쇄된 라벨지를 가위나 칼로 자르고,

4등분한 두꺼운 도화지에 떼어내 붙이면 한글카드 완성.

적당히 두껍고 내구성이 있어 코팅 안 해도 튼튼했다.

하은이가 주로 노는 곳에 두고 수시로 노출, 노출.

"하은아, 우리 고양이랑 코끼리한테 고소한 땅콩 먹여줄까? 옳지~!"

그러다 보면 고양이, 코끼리라는 통문자를 하나의 사물 인식하듯

머릿속에 그려 넣는다.

온 집안 곳곳에 한글카드가 널브러져 있는 게 함정!

2. 동물 사냥 놀이

동물 먹글자 카드, 화살 장난감, 빨래집게,

리본, 연고, 밴드를 준비한다.

옷장 손잡이나 벽면에 리본을 길게 걸고,

빨래집게로 4~5장의 동물카드를 집어 건다.

동네 문방구에서 1,000원에 산

화살 장난감 세트로 동물 카드를 겨냥해 쏜다.

"우와, 말이 맞았네. 말 아프겠다. 피도 나네.

하은이가 말 호~ 해줄래?"

말을 떼어다가 "말아~ 하은이가 치료해줄게"

하면서 쓰다듬어주고, 밴드도 떼어 정성껏 붙여준다.

치료가 끝난 녀석들은 침대에 눕혀 이불도 덮어준다.

이 과정에서 '말'이라는 단어를 여러 번 노출하는 게 중요하다.

한 번에 5개 이상의 많은 한글카드를 거는 건 조심할 것!

아이가 익히기에 4~5개 정도가 적당했다.

이런 식으로 몇 번 반복했더니 나흘 만에

30여 개의 동물 이름을 익히게 되었다.

3. 물고기 낚시 놀이

오늘은 낚시 놀이로 물고기 이름을 익혀볼까나?

구석에 처박혀 있는 훌라후프를 꺼내 연못을 만들고 물고기 이름을 적은

한글카드에 클립을 끼운다. 낚시 놀이 시작!

낚싯대 자석에 클립이 딱 붙어 한글카드가 딸려 올라온다.

집에 낚싯대가 없을 경우, 나무젓가락에 리본을 길게 달아

끝에 스카치테이프로 동그란 자석을 붙여주면 된다.

"하은이 뭘 잡아볼까? 우와! 울 하은이가 해파리를 잡았네!

하은이가 낚시해서 잡은 해파리 요 바구니에 담아서 집에 가져가자"

한껏 오버하면서 '해파리'라는 단어를 5~6번 반복 노출한다.

하은이가 낚시해서 잡은 금잉어를 뚫어지게 바라보더니 놀이방으로

다다다 달려가서는 청진기를 들고 와서 하는 말

"하은이가 금잉어 치료해줄래!"

"울 하은이 물고기 많이 잡았네. 무슨 물고기 잡았

어?"하고 물어보면 "미꾸라지!

가시고기! 문어!"하고 신나게 대답한다.

놀이가 재밌으면 확실히 빨리 깨친다.

4. 과일 주스가게 놀이

하얀 종이를 적당히 잘라 매직으로 과일 이름을 쓴다.

하은이는 주스가게 주인, 나는 손님이 된다.

하은	어서 오세요! 무슨 주스 드릴까요?
하은맘	포도 주스 주세요!
하은	포도 말고 아몬드 주스 만들어드릴게요.(지 맘대로구만!)

투명한 유리컵에 아몬드 카드를 넣고 숟가락으로 잘 섞는 하은이.

근데, 주인이 홀러덩 마셔버리네.

장사 말아먹겠구만!

그리고는 "캬, 맛 좋다!"

이런 식으로 메론, 수박, 딸기 등 여러 과일을
반복해서 컵에 담아 마시고 섞고 하다 보면
자연스레 과일 이름을 익힐 수 있다.
단, 애가 메론을 오렌지라고 말해도 절대
"야~ 이게 오렌지냐?" 정색하지 말 것.

"우리 하은이가 엄마 메론 주스 만들어주려구?" 하면서 넘어가야
자신감 잃지 않는다.

"왜 자꾸 틀려? 바보야?" 하는 말이 목구멍까지 타고 올라와도 워~워~!

5. 집안 곳곳에 한글카드 붙이기

집안 물건에 한글카드를 붙여야 하기에 기존의 크기보다
좀 작게 만들었다.

"하은아~ 우리 책상한테 이름 붙여줄까?
그럼 책상이 아주 좋아할 것 같은데?
어! 근데 책상 카드가 어디 갔더라?
어디 갔지? 어? 어디 있더라?"

"엄마! 여기 있잖아~" 하면서 한글카드를 찾
아준다.

엉뚱한 걸 집어도 부정형이 아니라 긍정형으로

"에구~ 책상이 여기 숨어 있었네! 그래서 하은이가 못 찾았구나!"
하면서 슬쩍 넘어간다. 그럼 바로 한글 인지.

카드 뒷면에 스카치테이프를 동그랗게 말아

하은이한테 붙이라고 하면

통통통~ 뛰어다니면서 집안 곳곳에 신나게 붙이고 다닌다.

다 붙였으면 수시로 손잡고 다니며 글자 짚어주면서

읽어주고 노출해준다.

6. 낱글자 스티커 밥 주기

약 500개의 통글자를 놀이로 익힌 상태에서

조심스럽게 낱글자 분리를 시도했다.

'나비 = 나 + 비', '꽃밭 = 꽃 + 밭',

'사과주스 = 사과 + 주스' 이런 식으로.

이때 기본적으로 하은이가 알고 있는

통글자를 낱글자로 분리했다가 다시 합치면 통글자가 된다는

개념을 인식시키려 했다.

얼추 낱글자 개념도 인지하고 난 후에는 가나다라 카드를 활용해

스티커 밥 주기 놀이를 해봤다.

스티커를 하은이에게 주고 "하은아~ 가나다라 친구들이 지금

배가 고프대요. 우리 이쁜 별 맘마 줄까? 그럼 아주 좋아할 거야."

많이 틀리고 헷갈려하기도 했지만, 자칫 학습으로 인식할 수 있는

낱글자 개념을 놀이로 받아들여 거부감이 크지 않았다.

7. 낱글자 주사위 만들기

200㎖ 우유팩을 잘라 주사위 모양으로 만들었다.

하은이가 헷갈려하는 낱글자를 라벨지에

매직으로 적은 다음,

우유팩 주사위에 떼어 붙였다.

안에 작은 방울을 넣어주었더니 딸랑딸랑

소리가 나서 하은이가 흔들면서 좋아했다.

한글을 떼고 나서도 자주 가지고 노는 장난감이 되었다.

누이 좋고, 매부 좋고~ 얼쑤!

8. 헷갈리는 모음 가리기

녀석이 낱글자도 얼추 끝낼 즈음 유난히 'ㅏ'와 'ㅣ'를 헷갈려 했다.

그래서 한글이 분리되는 미니 매트를 꺼내서 'ㅏ'와 'ㅣ'를 포함한 글자를

욕실 벽에 붙이면서 놀게 했다.

이 닦을 때, 목욕할 때, 수시로 읽어주고 붙였다 떼면서

맞추기 놀이를 했더니 어느새 완벽하게 익히게 됐다.

한 자 한 자 혼내면서 가르칠 땐 내 속만 터지고

오히려 잘 안됐는데, 역시 애는 잡는 게 아니라

놀리면서 얼러줘야 먹힌다는 걸

새삼 느끼는 순간!

9. 책 제목 거꾸로 읽기

별거 아닌 거 같지만 낱글자 익히는 데 대단한 효과를 봤다.

한글 시작하면서 책 읽을 때마다

매번 책 제목을 손가락으로 짚으며 거꾸로 읽어줬다.

"이 책은 '이상한 화요일'이네!

우리 그럼 거꾸로 읽어볼까?

일.요.화.한.상.이? 우히히~ 거꾸로 읽으니까

정말 웃기다. 그치?"

하면서 하은이랑 한바탕 웃었다.

혹여라도 내가 까먹은 날엔

"엄마~ 거꾸로 안 읽었잖아요~" 하면서

그 짧은 손가락으로 한 자 한 자 짚으며 어설프게 읽곤 했다.

단, 책 내용까지도 한 자 한 자 이렇게 하면 절대 안 된다.

지루하고 이해도 안 가서 아예 책을 안 보려 할 수도 있으니까.

10. 동요로 문장 익히기

달력 뒷장에 하은이가 좋아하는 동요를 매직으로 커다랗게 적어놓고,

잘 보이는 곳에 걸어놨다가 지나다니면서 한 번씩 짚어가며 같이 불렀다.

처음에는 아는 노래도 달력 앞에만 서면 주눅 들어서 부르지 못했는데,

어느새 줄줄 흥겹게 불렀다.

시간이 지나니 동요 부르고 싶을 때마다 혼자 그 앞으로 가서

글자 짚어가면서 나한테 불러주곤 했다.

모든 공부가 다 그렇지만

특히 한글은 가랑비에 옷 젖듯 조금씩 깨치게 되는 게 참 용하다.

읽기독립이란?

어느 날 쪽지 한 통이 날아왔다.

"저희 아이는 7세인데요, 한글도 일찍 떼고 읽기독립도 됐는데,

밤마다 읽어달라고 가져와서 제가 그냥 읽어줘요. 혼자 읽으라고 하면

잘 안 읽네요. 언제까지 읽어줘야 할까요?"

"읽기독립 안됐습니다. 두 줄짜리 중고 전집 5질 사세요.

이대로 내년에 학교 가면 큰일 납니다."

이런 맘들을 위해 '읽기독립'이 뭔지 정확하고 명쾌하게 말해주겠다.

읽기독립이란?

첫째, 엄마한테 책 가져오지 않고 스스로 꺼내 읽는다.

둘째, 놀다가 책장 앞에 풀썩 주저앉아 책을 읽는다.

셋째, 책을 사랑하고 즐기며 독서가 삶의 일부분이다.

이를 기준으로 내 아이가 읽기독립이 됐는지 안됐는지 점검해 보시라.

내 아이가 7세인데 읽기독립이 아직 안됐다면

접시물에 코 박고 반성하시라. 뭐 하고 있는 겐가!

"둘째 때문에요."

"남매끼리 사이가 너무 좋아서 노는 거에만 정신 팔려 있어요."

"책 보니까 아이가 커도 엄마가 읽어주는 게 좋다고 하던데요?"

켁~! 아이가 어렸을 때 엄마가 읽어주는 시간을 충분히 가졌어야지

7살 넘어서까지 밤마다 엄마가 목 터지게 읽어주고 있다니…

진즉 좀 그러지.

군대도 3년 넘으면 탈영하는데. 난 질려서 못 읽어주겠드만.

읽기독립이 되어야 다독이 가능하다.

엄마 스케줄에 상관없이 지가 혼자 읽어야 많은 책을 읽을 수 있다.

하은이는 친구들이 집에 놀러와 난리 블루스를 피며 같이 놀다가도

책 보고 싶으면 풀썩 주저앉아 읽었다. 폭풍속의 고요를 찾아낼 줄 안다.

외출 전 잠깐 짬이 나도 책을 들고 와 한참을 묵독한다.

하은이 읽기독립에 혁혁한 공을 세웠던

두 용사 〈말깨비 글깨비〉와 〈꾀돌이 자연탐험〉.

두 전집 다 중고 거래가 3만 원 이하짜리가 수두룩하다.

이래도 읽기독립용 책을 돈이 없어서 못 들이겠는가?

읽기독립은 쉬운 책 300~500권으로 하는 거지

읽기나라로 하는 게 아니다.

하은맘이 생각하는 읽기독립용 전집의 3가지 조건 알려줄까?

첫째, 글밥이 어이없게 적고(2~3줄), 글씨가 커야 한다.

둘째, 완전 재미있어야 한다.

셋째, 유치하지 않으면서 아이의 감성 수준에 맞아야 한다.

그런 의미에서 시작 나이별 읽기독립용 전집 4대 천왕을 쏘겠다.

4세 〈푸름이 까꿍〉, 5세 〈미미와 키키(똘망똘망 쥐돌이)〉,

6세 〈바바파파〉, 7세 〈톡톡 아이들 세상(나단 성장동화)〉

모두 다 빌리거나 얻어오지 말고

내 돈 주고 사서 궁딩이 뚜드려가며 읽혀야 한다.

모두 소똥이네에서 개똥 값이다.

읽기독립용 책에 돈 아끼는 게 1등 머절짓이다.

그리고 애가 읽기독립이 되지 않았으면

역사, 위인, 사탐, 세계, 지리, 논술 아무것도 사면 안 된다.

글밥도 드럽게 많지만 그런 지식그림책들은

아이 스스로 들춰보며 생각을 키워나가는 책들이기 때문에

읽기독립이 된 후 스스로 읽게 해야 한다.

다독이 되어야 정독이 이루어지고

시간이 지나가면서 자연스럽게 속독이 된다.

다독 → 정독 → 속독으로 간다.

하은이는 6세 후반부터 자연스럽게 속독이 이루어졌다.

그리고 아이가 그림만 후루룩 보며 넘기는 거 같더라도

절대 뭐라 하지 말고 칭찬 퍼부으며 고래처럼 춤이나 춰라.

진정한 책 읽기의 중요한 과정 중 하나이므로.

그림책이지 글씨책이라 부르지 않는 게 그 이유다.

삶에 있어서 뿐만 아니라

책 읽기에 있어서도 '내 아이는 정답이다.'

'책 좀 읽으라'는 말이 목구멍까지 치받아 올라오더라도

절대 입 밖으로 내뱉지 말아야 한다.

그 대신 애 잘 때 책장을 거실과 주방으로 빼고,

독서대와 아이 소파를 조용히 합체하시라.

아이 있는 곳에 책바구니 슬쩍 밀어 넣어주고

애가 한 권이라도 들고 읽을라치면 딴짓하면서 지켜보다가

칭찬쓰나미 퍼붓고 미친 듯이 이뻐해 주어라.

그렇게 빼 읽은 한 권이 5권이 되고, 20권, 100권 된다.

읽기독립이 된다.

애미가 뭔 짓을 하건 상관없이 아이는 책에 빠져든다.

소리 내서 읽기를 절대 시키지 않아야 스스로 글을 읽는다.

쓰기 또한 억지로 시키지 않아야 스스로 쓴다.

틀리게 읽는 걸 절대 지적하지 말아야 읽기독립이 된다.

하은이 7살에 FC가 되어 미친 듯이 일에 올인해

빠른 기간 안에 자리 잡을 수 있었던 것도

녀석이 5세 때 읽기독립이 된 덕분이었지 다른 이유 없었다.

녀석이 읽기독립이 안된 상태였다면,

책이 공기고 삶이고 친구가 아니었다면,

나도 녀석도 지금쯤 나락으로 떨어졌을 게다.

돈도 애 밑으로 다 들어갈 거고.

빈정 상해 하지 마시고 쫌만 더 힘내시길…

초기 시동 제대로 걸고 '뻘' 받으면 아우토반도 달릴 수 있다.

전집 구입 고민하다
애 대학 간다

책육아의 핵심은 '다독(多讀)'이다.

비싸고 좋은 책 100개월 무이자 할부로 한 질 사서

1년간 정독시키고 반복해 자기 것으로 소화하면,

그 후에 또 한 질의 비싼 전집을 들이는

책육아의 본질을 모르는 수많은 엄마들.

헌데 난 그들을 탓하고 싶은 맘 전혀 없다.

정독을 시킬 수밖에 없게 만드는 가계를 위협하는

사악한 전집 가격 때문이다.

내가 브랜드 책들을 극도로 싫어하는 이유가 이거다.

책 자체가 나빠서가 아닌, 호러블한 가격의 전집을 한꺼번에 여러 질

풀세팅하게 만드는 그 먹튀 영업 스타일.

나도 처음부터 메이저 전집 라인 탔었더라면

지금의 하은이는 없었을 거다.

수많은 시행착오를 통해 다져온 지난 십수 년

책육아 경력을 통해 한마디하라면

이 세상엔 좋은 책, 나쁜 책 없다.

싼 책과 비싼 책만 있을 뿐이다.

어차피 집에 들여 일주일 있으면 중고 되는데.

싸고 좋은 중고전집 10만 원대로 들여 부담 없이 읽어주면 된다.

얼마나 쉽고 편하고 부담 없는가!

그리고 이 책이 좋을까? 저 책이 좋을까? 고민 때리기 시작하면

육아에서 가장 중요한 덕목이자 화두인 '시간'을 홀라당~

날려버리게 된다.

전집 고르다 애 대학가고, 검색하다가 내가 죽는다.

〈웅진 수학〉을 들일지 〈탄탄 수학〉을 들일지 하는 고민은

밥 먼저 먹을까, 국 먼저 떠먹을까 고민하다 굶어 죽는 꼴이다.

아무거나 오늘 당장 들여 죽기 살기로 읽어주면 된다.

2~3개 정도가 내 머릿속에서 어른거리면 그날 바로 사기 쉬운

혹은 저렴한 아무거나 한 질 먼저 들이면 되고,

다른 한 질은 다음 달, 또 하나는 그다음 달 들이면 된다.

뭘 들일지 도무지 모르겠으면 육아 선배나 멘토에게 물어보면 된다.

나보다 앞서 자기 자식을 책육아로 잘 키워놓은 사람,

책 판매가 주업이 아닌 사람.

추천받아 산 책 무식하게 읽어주다 보면 내 아이의 취향과 스타일이

드러나고 그 흐름을 따라 내 아이에게 맞는 족보를 만들어가게 되는 거다.

책을 보는 눈이 생기고 선택의 힘이 자라나게 된다. 실천과 행동을 통해.

그러니 부지런해지지 말고, 지혜로워져라!

인맥 넓힐 생각 말고, 멘토를 찾으라!

최고의 책 찾기를 포기하고, 어떤 책이든 바로 들여 무식하게 읽어줘라!

최저가 책 찾기를 그만두고, 지금 눈에 보이는 가격으로 당장 구입하라!

독서는 아이의 '내면의 힘'을 길러주는 게 목적이다.

머릿속에 정보를 쑤셔 넣어 박학다식한 만물박사를 만드는 게 아니다.

교과서 연계 책만 주구장창 읽혀

초딩 기말 올백 맞히는 게 목적이 아니라는 거지.

책은 내면이 강하고 안정된 아이,

어떤 외풍에도 흔들리지 않는 평안함을 지닌 아이,

스스로 행복을 찾아가고 세상을 긍정적인 눈으로 바라볼 줄 아는

전인격적인 인물로 자라나게 하는 동력이다.

내가 책육아를 하면서 마음에 항상 아로새겼던 말이 이거다.

하은이가 행복한 아이로 자라났으면 좋겠어.

내면이 강한 아이로. 또 뭘~!

부지런해지지 말고, 지혜로워져라!
인맥 넓힐 생각 말고, 멘토를 찾으라!
최고의 책 찾기를 포기하고,
어떤 책이든 바로 들여 무식하게 읽어줘라!
최저가 책 찾기를 그만두고,
지금 눈에 보이는 가격으로 당장 구입하라!

책의 바다에 빠뜨려보자

초딩 하은이의 일상을 찬찬히 보면 하루 종일 책을 읽는 것도 아니고,

스케줄 짜서 문제집을 풀거나 예습 · 복습을 하거나

영어 단어를 외우는 등 학습에 관련된 것도 거의 없다.

도리어 놀이터에서 근 1~2시간씩 개처럼 놀고, 매일 낮잠 자고,

소파에 자빠져 누워 리모컨으로 영어 DVD 1~2시간씩 돌려 보다가도

할아버지랑 바둑 두고 장기 두고,

할머니와 일일연속극 강제 시청해주어야

직성이 풀린다.

논.다. 거의 하루 종일. 그리고 책!

노는 사이사이 풀썩 주저앉아

잠깐 후루룩~ 보고 또 놀고, 놀고 들어와 또 잠깐 후루룩~ 보고
또 영화 보고 짬짬이 숨 돌리듯이, 휴식하듯이 책을 본다.
특히 밤에 애미가 퇴근하고 집에 같이 돌아와 화장 지우고 영양제 잡숫고
정리하는 1시간 남짓 그사이에 집중적으로 책을 본다. 몰입 독서!
하은이가 보고 나서 여기저기 흩어놓은 책을 모아보면
글밥이 꽤 많은 책도 있고 만화책도 있다.
6세부터 속독이 자연스럽게 이뤄졌기 때문에 가능한 상황이다.
엄마가 없어도 스케줄표가 없어도 홈스쿨 선생님이나 학원이나
문제집이 없어도 하은이는 잘도 큰다. 책의 힘이다. 몰입의 힘이고.
그 힘은 하은이 어린 시절 서너 번 정도 빠졌던 '책의 바다' 경험 덕분이다.
30개월 때가 첫 번째 책의 바다에 빠진 시절이었다.
낮에는 미친 에너자이저처럼 내리 놀면서 책은 거들떠도 안 보다가
밤 9시 반만 되면 좀비처럼 지 좋아하는 〈차일드 애플〉만 10권 들고 와
"책 읽어주세요~"와 "엄마 또~!"라는 말만
무한반복하던 정말 호러블한 순간들.
애미는 이미 낮에 식모처럼 일하고 놀이 상대 되어주느라,
피곤에 떡실신이 되어서 건드리기만 하면 욕이 튀어나올 것 같은데
애는 해맑은 얼굴로 '자자~ 지금부터 달려보자'는 분위기다.
더 깊은 피곤의 나락으로 떨어지는 나를 발견하며,
들어오지 않는 남편에 대한 분노와 이런 현실을 알려주지 않고
애만 낳으라고 독려하는 세상에 대한 분노가 치받쳐 올라왔다.

그래두 읽어주란다. 고수 맘들이.

그래서 무식하게 따라했다. 11시, 12시, 새벽 1시, 2시…

어디 해볼 때까지 해보자. 가볼 데까지 가보자. 이러다 죽기야 하겠어.

지도 졸린데 참으며, 아주 눈을 까뒤집어가며 또또~ 한다.

그렇게 6개월을 버텼다. 정말 사는 게 사는 게 아니었다.

헌데 읽어주면 읽어줄수록 애 눈빛이 달라진다.

말이 달라지고 행동이 달라진다.

그 반응과 미묘한 차이를 외면할 수 없어 밤이면 밤마다 애랑 씨름하고

내 체력의 한계에 도전했다. 그 힘으로 여기까지 온 것 같다.

그때가 가장 심했고, 그다음 읽기독립 되고 나서 한 번, 그리고 몇 번…

극심하게 책을 많이 읽던 시즌이 있었다.

누차 강조하지만 애가 책을 원할 때 모든 걸 멈추고 읽어주면

누구나 하은이가 된다. 걱정과 불안을 내려놓으면 된다.

내 아이의 성장, 발달, 체력 신경 쓰지 않아도 된다.

아이들은 부족한 수면, 체력, 식욕 지들이 다 알아서 보충한다.

그리고 환경의 변화 역시 중요하다.

생각해보니, 첫 바다는 TV를 안방으로 옮겼을 때였고,

두 번째 바다는 1200 책장을 거실 전면에 들였을 때였다.

붕붕카 타고 놀다가 조용해서 가보면 풀썩 주저앉아 책 보고 있고,

또 조용해서 가보면 책장 앞에 주저앉아 있다.

밤이면 밤마다 여기저기 흩어놓고 책 삼매경에 빠진다.

엄마의 작은 행동 변화가 아이의 미래를 바꾼다.

기가 막히게 좋은 전집을 백날 수소문한들 의미 없다.

애가 가져와서 읽어달랄 때 읽어주지 않으면

국내 최고의 전집도 소용없다.

아무리 후진 책이라도 엄마가 센스를 발휘해 수시로 읽어주고

아이가 좋아하게 되면

그 책이 이 세상 가장 훌륭한 책이고 리얼 족보다.

책의 바다에 빠뜨리자!

뭔 짓거리를 해서라도, 영혼을 팔아서라도. 단 일주일 만이라도.

아이들은 그 힘으로 한글을 떼고 읽기독립을 하고 속독을 하게 된다.

또한 그 몰입의 경험으로 학과 공부를 자기 것으로 만들고,

질풍노도의 사춘기를 겪고 나와 자기 주도 학습으로 수능을 준비한다.

그러지 못한 아이는 아빠의 통장 잔고를 제로로 만들고

엄마의 어깨를 늘어뜨린다.

나에게 지상 최고의 행복감을 안겨주는 이 모습. 미치겠는 이 모습.

대한민국 국보 1843호로

지정되어 있는 '가장 아름다운 등짝!'

지금 내 아이의 아름다운 뒤태를 감상하고

싶다면 그냥 뭐라도 사서 무식하게

읽어주고 자연스레 읽기독립시키면 된다.

머리 쓰려 하지 말고, 족보 찾아다니지 말고,

멀리 보고 쭉~ 실천하면 된다.

'책육아'가 아이를 잘 키우는 최고의 방법은 아니다.

유일한 방법이다.

책육아는
복리곡선이다

하은이가 정답은 아니다. 내 육아법도 정답은 아니다.

하지만 '책'은 정답이다.

그렇기에 미친 사교육이 판치는 이 지옥과도 같은 현장에서

그 틈에 껴 대가리 처박고 같이 진흙탕 싸움하지 않아도

아이가 이렇게 행복하게 잘 자랄 수 있다는 걸 난 이제 안다.

젖소로 빙의해 인간도 아닌 단계의 아가 하은이를 키우던 시절엔

그냥 무식하게 책만 읽어주면 된다고 하니까

밤이고 낮이고 궁딩이 들이미는 녀석 내치지 않았던 것뿐이었다.

자연스럽게 아이가 조금씩 조금씩 책을 더 더 원하게 되었고

메이저 전집들은 어처구니없이 비싸니까

저렴하면서도 괜찮은 준메이저 전집들을 새거로 사서 읽히거나

비교적 깨끗한 중고로 구입해서 꾸준히 읽혔다.

빌려 보는 것, 도서관 가서 보는 것들은 감질 맛만 나고 기억도 안 나고,

시간도 아깝고 피곤하니까 차라리 사주자 그렇게 된 거다.

처음부터 책이 좋아 환장하며 아웃풋 나오던 애도 아니었고,

하루 종일 책만 끼고 사는 아이는 더더욱 아니었다.

허구한 날, 백과사전을 끼고 우주의 신비에 대해

탐닉하고 지구과학의 메커니즘에 대해

탐구하는 그런 푸름이 같은

애랑은 택도 아니게 거리가 멀고.

항아리 비우는 시기에는 책도 잘 안 보고

'놀기병'에 걸려 주구장창 놀기만 했다.

하루 종일 공주 그림만 수백 장씩 그려댔고,

병원놀이, 인형놀이 하다가 하루해가 다 갔다.

속이 다 타들어가고 입이 바짝바짝 말랐다. 그래도 난 믿었다.

가득 찬 머릿속 항아리를 실컷 놀면서 비우고 나면

다시 책으로 돌아온다는 것을. 역시나 돌아왔고,

책에 다시 빠졌다 비웠다 또 돌아오고를 반복하며

지금의 하은이가 됐다.

재무 설계 받을 때 FC들이 많이 이야기하는 복리곡선,

엠뷔씨 경제 매거진에서도 맨날 나오는 장기투자의 복리곡선,

책육아와 엄마표 영어도 복리곡선이다. 기가 막히게 들어맞는다.

초기에는 불어나는 것도 없고 더디고 눈에 보이는 것도 별로 없다.

영어유치원 보내는 옆집 아이가 아웃풋은 훨씬 많이 나오는 것 같고,

수학 문제집 매일 풀리는 뒷집 아이는 두 자리 곱셈을 한다 그러는데,

내 아이는 낮에는 놀이터 죽순이고,

밤에만 책 좀 읽는 그냥 그런 아이 같은 거다.

허나 그게 차고 차고 또 차고 기다리면, 어느 순간 원금을 뛰어넘고

가속도가 확 붙어 원금의 5배, 6배, 10배가 되는 순간이 온다.

원금 손실도 없다.

책을 일상 속에 끼고 살다가 지도 모르게 영어표현이 툭 나와

지도 깜짝 놀라고 나도 깜짝 놀라고,

글자 빼곡한 챕터북을 낄낄대며 읽고,

읽던 책이 너무 재밌어서 등굣길에 걸어가면서도 읽다가

전봇대에 머릴 콩 박았다는 간증을 하는 딸아이를 보게 된다.

상대적으로 초반에 잘 달리는 듯하고 아웃풋도 제법 나오던

보통의 아이들은 양으로 밀고 들어오는 학습량과 빡빡한 스케줄에 치여

뒷심을 발휘해야 하는 결정적인 순간에 무섭게 등을 돌리게 된다.

남는 게 없다. 소멸성 보험. 되돌려 받는 거 하나 없는.

책은 양적인 승부지 질적인 승부가 절대 아니다.

양과 시간의 싸움!

그래서 초기엔 어떤 아웃풋도 기대해서는 안 된다.

전집을 떡허니 돈 들여 들여놨다고, 내 애가 눈을 까뒤집어가며 좋아라
볼 거라는 기대는 절대로 하면 안 된다.

애미의 그릇된 욕심일 뿐이다.

그동안 책을 넣어주지 않고 읽히지 않은

지난 시간에 대한 값 지불은 반드시 치러야 한다. 때로는 처절하게.

책을 안 읽을 수도 있고, 싫어할 수도 있다.

아이 나이가 많으면 많을수록 기하급수적으로 그 거부감이 세진다.

그래서 아이 어릴 때 더 더~ 많은 책을 넣어줘야 한다.

똥인지 된장인지 모를 때.

하지만 그 시간을 반드시 감내하고 이겨내야만

책을 좋아하는 아이, 책이 공기인 아이가 되며

나아가서는 공부가 쉬운 아이가 되어 있는 거다.

영어책은 더 싫어할 거고, 영어 CD는 시끄럽다고 끄라고 할 거다.

아이가 안 본다고, 먼저 안 꺼내온다고, DVD 지가 안 튼다고

애가 영어를 싫어하는 것 같다고 어떻게 하면 좋겠냐고

수없이 많은 질문들이 날아온다.

그때마다 나는 가슴이 답답하고 안타깝다.

서서히 좋아하게끔 만들고 다양한 도구와 콘텐츠를 활용해

영어를 좋아하는 아이로 만들고,

영어책 읽기를 한글책 읽듯이 하는 아이로 다져놓으면,

그다음부터 아이는 자연스럽게 복리곡선의 가파른 상승세를 탄다.

166

그때부턴 육아가 쉽다. 발로 하면 된다.

아이 스스로 제 몫을 다해주니 시간적 여유가 생기고

좋은 인연이 자석처럼 이끌려 맺어진다.

엄마가 행복해지니 하은이도 '행복하다'는 말을

'배고프다'는 말만큼 자주 한다.

엄마도, 아이도 마음 속 내적불행이 소멸되어 간다.

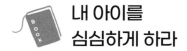

내 아이를
심심하게 하라

내 자식이 방구석에서 나무늘보처럼 늘어져 있으면 애미들은 불안하다.

'옆집 애는 지금 논술학원에서 미친 듯이 토론수업을 받고 있을 거야.'

'윗집 애는 수학문제집 7장을 연달아 풀며 수학의 신이 되어 있을 거야.'

'뒷집 애는 영어학원에서 파닉스 떼고 영어책을 술술 읽어가고 있을 거야.'

언놈은 영어유치원에서 언놈은 학원에서 언놈은 또 어디서 어디서…

헌데 내 조직원들 중 특히 대치, 청담, 목동, 분당에 사는 소위 있는 집

엄마들은 하나같이 말한다. 돈으로 칠갑을 하고 영아 때부터 고급 센터

뺑뺑이 돌려싸도 애 제대로 안 만들어지는 경우가 많다고.

너무나 많이 봤단다.

학원에서 멍 때리고, 방문 쌤과 멍 때리고, 센터에서 멍 때린다.

애미는 집에서 수학문제집과 함께 피바다를 연출해준다.

그 맘 알지. 나두 대한민국에서 애 키우는 애민데.

반 모임 몇 번 나가 보고, 학교 앞에 애 데리러 가보니 느낌 따악 오드만.

마치 국가안보위에서 감사 나온 듯한 진지함과 치밀함으로

니는 뭐 시키냐, 나는 이거저거 요거그거 시킨다.

수영팀 하나 짤 건데 넌 어떠냐는 제안 던지는 엄마.

거기서 난 안 시킨다 답했드만, 똥구멍 찢어지게 가난한 논 취급하기에

그다음부터는 찡 박힌 가죽라이더 재킷에 검정 마후라 휘두르고

보잉 선글라스 딱 끼고 팔짱 딱 끼고 짝다리 짚고 애 기다렸다.

거기서 '난 책육아해요~'라고 대답했다간 이런 시대착오적인 애미가

다 있나 할 것잉께 난 신분을 숨긴 채 기다리다 애만 데리고 왔다.

내가 사교육을 안 시키는 건 애가 뛰어나서도,

책만 무진장 많이 읽히려는 이유도 아니다.

녀석이 시간이 없다. 놀.시.간.

집에서 영어 집중듣기 하고, 책 읽고 문제집 푸느라 시간이 없으면

내가 말을 안 해. 충분히 못 놀았다고 잘 때마다

억울해한다. 근데 또 제대로 의미 있게 놀면

내가 말을 안 해.

수시로 멍 때리고, 국가대표 공기놀이

선수 훈련에 돌입했다가, DVD도 보다가,

애미는 쪽팔려 죽겠는 공주 스티커북을

초등 고학년이 돼서도 애지중지한다.

연필 잡는 손이 영 이상한데

자연스레 고쳐지겠지 싶어 그냥 내버려 뒀었다.

그래도 어쩌다 피곤에 떡이 된 날은 나도 모르게 치받아 올라온다.

"손꾸락 병신 된다~ 니~!"

그럼 녀석은 자기 방으로 톡톡 걸어가 차인표 아저씨 분노의 양치질에

버금가는 '분노의 피아노 치기'에 돌입한다.

저 취미라도 없었으면 쟤 뒈졌을껴. ¯_¯;;

요즘은 매일 밤 9시고 10시고 미친 애처럼 줄넘기도 한다.

이래서 내가 1층에 살 수밖에 없었다.

하은이는 정말 많이 빈둥거리며 논다.

그러다가 11시가 넘어가야 본격적인 책 읽기에 돌입하는 올빼미녀.

낮 동안 저리 뛰고 달리고 노니 눈깔이 뒤집어지게 졸릴 텐데도 책을 본다.

하긴 10년 동안 전을 부쳤으면 전집 차릴 실력은 되지 않겠는가?

이번 달 무슨 전집을 들이고 읽어줘야 하는지는 절대 중요한 게 아니다.

아무 책이나 사서 읽어달라고 할 때까지 읽어주면 된다.

노는 놈 끌어다 앉혀 읽히고, 블록에 빠진 놈 끌어다가 읽히라는 게 아니라

퍼즐 다 놀고, 그림 실컷 그리고, 줄넘기 뼈 빠지게 하고서

남는 시간에 슥슥 빼볼 수 있게 빈 벽마다 책장을 세워

좋아할 만한 책 채워 놓고, 똥 싸면서 읽을 수 있게

화장실 입구랑 안쪽에 바구니 넣어

'회장님 독서실' 만들어주고,

식탁 위, 침대 위, 소파 위에 책 쫙 깔아

놓으면 되는 거다. 이게 어렵나? 이게?

그렇게 짬짬이 읽는 책의 힘이 얼마나 큰지는

애가 커갈수록 뼛속으로 느껴진다.

그 습관과 순간적인 몰입의 힘이 향후 고등교육에서

어떤 위력을 발휘하게 될지는 지나가는 개도 안다.

'충분하다 못해 너무한 거 아니냐는 널럴한 시간의 제공'

그냥 내 자식을 믿어주고 보듬어주고 기다려주면 아이가 이렇게 잘 큰다.

애를 놀리면 놀릴수록 그 불안감이 사그라지고 여유가 생기고

아이와의 사이가 회복되고 멀고도 긴 육아의 한복판에서

큰 그림이 그려진다. 숲을 보자.

긴 시선으로 아이의 인생을 보면 실컷 놀고 멍 때리고 꿍꿍이를

벌일 수 있는 시간이 아이에겐 지금밖에 없다는 걸 알아차리게 될 테니까.

실컷 놀아본 놈이, 질리도록 놀이에 몰입해본 놈이

학업에도 삶에도 인간관계에도 놀라운 재능과 집중력을 발휘한다.

수많은 유명 유식 박사님들의 발표 논문에도 수없이 나와 있다.

'스키마 이론' 등. 스키마는 외부 환경에 적응하도록 환경을 조작하는

감각적 · 행동적 · 인지적 지식과 기술인데,

개개인의 스키마가 다르기에 학습 효과에도 차이가 크다.

은근 고퀄리티 하은맘. 오늘은 요기까지!

책가방
들고 다니기 운동

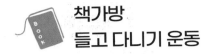

요게 뭐냐면 할아부지집 출퇴근할 때 들고 다녔던

하은이 전용 '책가방'이다.

모양만 바뀌고 내용물만 바뀌었을 뿐

그동안 하은이의 인생을 타고 흘러온

귀하고 중요한 소품이다.

갓난아이 때는 치발기와 장난감들, 보드북 2~3권이 항상 들어있었고,

까꿍이 시절엔 지가 좋아하는 읽기그림 1단계 책을,

한창 명작, 전래에 빠졌을 때는 보너스로 들어있던 미니북을 항상 넣고

다니며 차에서도 음식점에서도 교회에서도 읽어주고 갖고 놀고 넘겨봤다.

〈푸름이 터잡기〉 영어책들도 작고 딱딱하니 넣고 다니기 딱 좋았고,

〈스팟〉〈메이지〉〈까이유〉 등 녀석의 사랑을 듬뿍 받았던 나름 비싼

영어 보드북들도 에라 모르겠다 망가지든 말든 막 들고 다녔었다.

녀석과 친해지게 하려구. 공기처럼 밥처럼 가깝게 느끼게 하려구.

요즘은 〈해리 포터〉 한글책이랑 영화 DVD가 들어있다.

책은 벌써 23권 전권 3번째 반복 중이다. 완전 몰입!

녀석의 롤모델이 소녀시대 제시카 언니에서

〈해리 포터〉에서 헤르미온느 역을 맡았던

엠마 왓슨으로 매몰차게 돌아섰다.

이러다 꿈이 마법사가 될지도 모르겠다.

길 가면서도 읽고, 친구네 놀러 가서도 책부터 들추는

요딴 풍경은 하루아침에 맹길어지는 게 절대 아니다.

요즘 음식점이든 마트든 어딜 가나 아이폰에 코 박고

아이패드 쫙쫙 밀어가며 좝스로 빙의한 까꿍이들이 천지다.

죄다 그러구 앉았다.

그 사이에 애미들은 나라를 구하기 위한 수다에 빠져들 계시고,

이태원에서 산 개코딱지만한 싸넬 가방에 폰이랑 지갑 딸랑 넣고

어린 까꿍이들 잘도 데리고 다닌다. 편하지. 암!

바리바리 싸들고 다니던 구질구질 진상 시절 생각하면 시크하지.

나라고 왜 안 그러고 다니고 싶었겠냐고!

그 편안함 와중에 지 자식이 무뇌아 골빈당 요원으로 커가고 있는데,

쯧쯧쯧…

책에 제대로 빠져본 적도 읍는 애를 그런 휘황찬란한 극락의 도가니로

처밀어 넣고도 애가 책을 안 읽는다고,

내 자식은 책을 안 좋아하는 거 같다며

투덜대는 애미들을 볼 때면 정말 속이 터진다.

요즘은 천장에 쏴대는 빔 머시기가 대박이라며 난리들이더만.

자, 자알~ 생각해 보시라. 책에 흥미를 붙여주겠다는 이유로

과한 자극에 자꾸 애를 길들여버리면 애는 더 더 강하고 쎈 놈만

원하지 않겠냐 이 말이다.

책에 딸린 CD로도 DVD로도 세이펜으로도

천장에 쏴대는 빔으로도 아무런 흥미를 못 느끼는 지경에 이르면

그땐 뭔 삽질로 애를 책으로 끌어올 텐가 말이다!

종이에 그려진 예쁘고 아름다운 '그림'과 '글'.

그 담백하고 심플한 그야말로 '책'으로 정면승부를 펼칠 생각을 해야지.

그래야 어떤 책이라도 거부감 없이 빠져드는 아이가 되고,

바른 인성, 안정된 정서, 풍부한 감정을 지닌 귀한 아이가 되지.

난 최고급 종이에 모서리 커팅 죄다 되어 있고,

화려하고 뻗쩍거리는 표지로 치장하고,

세련된 삽화에 쌔끈한 글씨체에 음원까지 죄다 입혀져 나오는

요즘 신간 전집들보다 오래된

〈미네르바〉〈개똥이 그림책〉〈달팽이 과학동화〉가 더 좋다.

〈월드픽처북〉은 색이 바래면 바랠수록 더 아름답다.

그 깊이는 말할 수도 없고.

왜 그렇게 쉽게만 가려 하는지, 조금만 힘들어도 쉽게 포기하려 하는지…

정답을 알고도 어이없는 유혹과 상술에 해드뱅잉들을 해대는지

난 도무지 알 수가 없다.

외출하는 손에 조그만 핸드백 하나 달랑 들려있는 자,

스마트폰 애 손에 쥐어주고 수다 떨고 있는 자,

집에서 책과 함께 뒹굴 시간에 이집 저집 건너다니려는 자,

심심해 죽겠어서 책이라도 보려는 지 자식을

센터 수업 시간 맞추려 등 떠미는 자,

책으로 키우겠다는 말, 당장 거두라!

미스코리아 머리끄덩이 잡을 미모는 절대 아니지만

녀석이 그저 예쁜 이유는 책을 향한 저 순수한 눈빛 때문이 아닐까?

그 속에 녀석의 꿈과 미래가 숨 쉬니까.

리빙룸은
리딩룸이어야 한다

무슨 책을 사느냐보다 중요한 건 책을 어디에 꽂아두느냐.

저 멀~리 애 방에 벽면 가득 책장 세워 책 꽂아둬 봤지?

"옴마~ 전 책 보는 게 미치도록 좋으니 힘들어도 내 방까지 걸어가서

책을 수시로 빼보겠어욧!" 한다면 난 뭐 부러울 따름이고.

허나 현실은 책을 턱주가리 밑에 꽂아 놔줘도 봐줄까 말까 한

에너자이저 태릉인 자식을 키우고 있는 1인으로서 증언하건대,

책이 멀리 애 방에, 안방에 이쁘장하게 있어서는 책이 공기는커녕

친해질 껀덕지도 안 생긴다.

대한민국 대표 귀차니스트이자, 피고니스트로서 말하건대 엄마와 아이가

가장 많이 생활하는 공간인 거실에 거의 모든 책이 나와 있어야 한다.

즉, Living-room은 곧 Reading-room이어야 한다.

그래야 애가 생활 속에서 뜬금없이 책을 빼서 읽는다.

내가 그나마 책육아의 끈을 놓지 않고 지금에 이를 수 있었던 이유 또한

하은이와 함께하는 대부분의 생활을 그리 넓지 않은 거실에서

지지고 볶고 했기 때문이다.

거실 양쪽으로 책장 있고, DVD 플레이용 TV 있고, 테이블 있고,

소파 있고, 놀다가 책 보다가 그림 그리다 먹다가 낮잠은 애랑 뒤엉켜

소파에서 자고, 밤잠도 거실에 이불 깔고 책 읽다가 고대로 잠들었다.

이 방 저 방 왔다 갔다 하며 이동하질 않으니 최소 동선으로 낭비되는

시간도 거의 없고, 치울 일도 최소화할 수 있었다.

여기에 더해 식탁을 거실 중앙으로 떡하니 옮겼더니

훨씬 편한 책육아 환경이 조성되면서

진정한 리딩룸의 역할을 톡톡히 해오고 있다.

식탁의 위치 이동만으로

너무나 큰 삶의 편리와 이로움을 온몸으로 느끼면서

엄마의 역할은 매니저가 아닌

'환경 구성가'라는 생각을

다시 한번 다졌다.

애 방에 있던 1200 책장 두 개를

부엌 벽면으로 옮겨주니 밥 먹을 때마다

툭~! 빼서 슥슥 넘겨본다.

그것도 영어책으로다가…!

아침저녁으로 자체 화보 연출이다.

아이는 엄마의 인내를 먹고 자란다.

그리고 책육아는 엄마의 내려놓음을 먹고 자란다.

그 내려놓음은 엄마의 리딩(Reading)이 반드시 수반되어야만 가능하다.

이 세상에 애 책 읽히는 엄마들은 많다.

허나 지 책 읽는 엄마는 많지 않다.

그니까 '육아 힘들다~ 죽겠다~ 요 모양 요 꼴~쏭'이

조석으로 튀나오는 거다.

남들 학원에서 과외선생님과 팀 수업에서 고급 교육 받을 시간에

녀석에게 묵찌빠 고문, 공기 고문, 쎄쎄쎄 고문, 하나빼기 고문으로

법륜스님 뺑 까는 고통을 당했던 1인이지만,

입가에 웃음이 떠나지 않았던 이유는

책과 함께 놀고 느끼고 생각하고 깨달아가는

세상 공부 우등생 딸램 덕분이 아닐까?

하루에 몇 권이나 읽냐고?

책이 공기가 되어버린 하은이도

한 번에 수십 권 쌓아놓고 보는 건 불가능하다.

물론 2~4살 까꿍이 시절에는 글밥이 적은 책 위주고,

놀이도 그리 다양하지 못하며 세상에 눈을 뜨지 못한 상태이니

맘먹고 읽으면 새벽 1~2시까지 30~40권씩 읽는 거 가능은 하다.

그런 날이 계속되는 게 '책의 바다'라는 거고.

하지만 매일 그럴 수도 없는 노릇이다.

어떤 날은 많이 읽고, 어떤 날은 조금 읽고, 그렇게 흘러가면 되는 거다.

오늘 하루 몇 권의 책을 읽었느냐를 고민하는 애미는 '하수'다.

블로그에 북트리랍시고 그날 읽은 책 사진 찍고 제목까지

일일이 치고 앉았는 애미는 더 하수다.

그 시간에 잠을 자든가 육아서를 보든가 휴식을 취해야

담날 피곤에 쩔어 애한테 진상 떨지 않고 웃는 낯을 들이밀지.

지가 꽂힌 책 한 권을 애는 온종일 수십 번 보고 또 보고,

읽어주는 애미는 돌아버리고 욕이 나온다.

그러면서 아이는 소가 되새김질하듯 먹고 또 먹고 되뇌고 소화시켜

피를 만들고 살을 만든다.

수없이 반복해서 읽은 1~2권이 권수 세며 뻘짓한 30~40권보다

더 의미가 있고, 효과도 크다.

그걸 깨달은 애미가 비로소 '고수'를 향해 가는 거다.

파도를 타듯이 유유히 포물선을 그리듯 여유롭게, 하지만 뜨겁게…

책에 빠져들게 하기 위해 녀석이 아침잠이나 낮잠에서 깼을 땐

항상 누운 채로 내 무릎에 슬쩍 눕듯이 앉혀 책을 읽어줬다.

애 잘 때 하고 있던 쥐시장질, 소똥이네질 마저 하고 싶어 디지는 줄

알았고, 이비에쑤, 투니전철 틀어주고 싶어 죽는 줄 알았다.

근데 그래 버리면 그냥 오전은 땡~!

낮 동안 책은 그냥 꽝~!이

되어 버린다는 걸 너무나 잘 알기에

욕구를 참고 자제했던 거다.

권수에 연연하지 말자, 제발.

책 쌓아 놓고 찍은 남의 애 사진 때문에

좌절하지도 말자.

고즈넉한 이 고요한 일상은 절대 순식간에 이루어지지 않는다.

가랑비에 옷 젖는지 몰라야 한다.

빗물이 바위를 뚫는 걸 바위는 모르는 게 맞다.

천천히 가되 뜨겁게 가야 한다.

열정적으로 놀았을 때 책도 많이 본다. 많이 놀아주자.

축구공 옆구리에 끼고, 인라인스케이트 모가지에 매달고,

자전거 타러 나가는 미친 아들노무새끼

사랑의 눈빛으로 실컷 놀다 오니라고 궁딍이 쳐줘야 한다.

그 놀이들 속에 '책'이라는 장난감이 있을 뿐,

하루 종일 30권, 40권 권수 채워가며 읽히라는 게 아니다.

실~컷 논 놈이 책도 잘 본다.

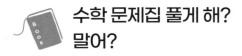

수학 문제집 풀게 해? 말어?

"하은이는 문제집 풀리나요?"

내가 가장 많이 받는 질문 중 하나다. 난 안 풀린다.

물론 나도 대한민국 엄만데 풀려는 봤지.

〈기탄〉, 〈해법〉, 〈디딤돌〉, 〈셀파〉, 〈쎈수학〉부터 〈철저 반복〉까지.

집에 없는 문제집이 없었다.

딴 건 다 책으로 된다는데, 수학은 그노무 습관.

습관을 들여야 되는 거라며 하루에 2~3장씩 꼭 풀려야 한다고 외쳐대는

수학의 달인님들의 조언 땜시…

학창시절 수학시간, 미친 소 같은 수학쌤이

"오늘 며칠이야? 22일? 22번! 너 나와서 풀어봐!"라고 말하는 순간

그대로 혀 깨물고 콱 죽어버리고만 싶던 모태 수학 무능녀 하은맘 ㅡ_ㅡ;

그런 인간의 자식이 하은이니만큼 수학에 왜 관심이 읍었겠는가.

헌데 하은이는 문제집 안 풀린다. 지가 안 푼다.

억지로 풀려도 봤다. 왜 안 해봤겠어?

애 잡고 족치고, 니 죽고 나 죽고, 결국 누구 하나는 죽어야 끝나는 게임.

'밥상머리에 문제집 펴놓고 애 처잡기 신공!'

문제집 종류도 바꿔 보고, 하루에 푸는 양을 줄여도 보고,

니가 풀고 니가 채점해라~ 엄마는 검사 안 한다~

제발 하루 2페이지만 풀어주라. 제바알~ 별 지랄을 다 해봤다.

새 문제집 사고 4일을 못 간다. 안 해! 안 해! 내 드럽고 치사해서 안 해!

너랑 나랑 의만 죽어라 상하고 죽두 밥두 안 되겠어.

그러고서 그 뒤로 안 했다. 그냥 책만 읽혔다. 그동안 해왔던 대로.

나중에 수학 젬병이면 애미처럼 문과 가면 되지.

수학 못한다구 죽기야 하겠어? 냅둬부렸다.

역시나 수학에 있어선 그닥 재능도 없는 거 같고, 그닥 좋아하지도 않던

녀석이 어느 날부터 이상한 짓거리를 하기 시작했다.

수첩을 달라고 하더니 자~꾸 먼가를 적는다. *끄적끄적*…

뭔가 자세히 보니 곱셈이다.

지금 배우는 거니? 아니란다. 그냥 자기가 막 해보는 거란다. 재밌댄다.

지 나름의 메커니즘을 만들어내서 요렇게 조렇게 해보니까

답이 딱 나온다면서 혼자 신났다.

"우워, 이야~~ 세상에~ 꺄~ 미친 거 아냐?"

하며 반응해줬다.

수학이랑 담쌓을 것 같던 하은이가

한동안 가장 재밌는 과목으로 수학을 꼽

을 정도였다.

된다. 돼! 수학도 된다.

초등 4학년부터 모든 교과가 미친놈 널뛰기하듯 단계가 올라간다는 둥

말들이 많지만 거기서 거기지 올라가면 을매나 올라가겠는가?

책 많이 읽은 하은이는 수학도 된다.

수학의 관건은 문제의 이해다.

초등 2학년부터 글줄이 점점 길어지는 논술식 수학 문제.

초딩들이 연산을 몰라서, 공식을 까먹어서 틀리는 게 아니다.

문제를 읽다가 안드로메다로 빠져버리며,

순간 간땡이가 뽀짝 쫄아 붙으면서 맨정신을 상실해버리고

지레 포기해버리기 때문이다. 과거에 내가, 우리가 그랬던 것처럼.

수학의 바탕은 국어력과 이해력이다.

슬슬슬~ 읽어 내려가면서 술술술~ 이해되고 쫄지 않아야

문제를 풀어낼 수 있는데, 국어력이 안되니 자꾸 틀리는 거지.

수학을 잘 못하면 문제집을 살 게 아니라,

명작, 전래, 과학, 위인, 사회, 역사 등의 책을 사서

주구장창 더 더 더~ 읽혀야 한다.

기말고사 전전날 산 위로 넘기는 기말고사 대비 전 과목 문제집.

그거 이틀 동안 놀면서 풀게 했다.

딴 애들처럼 진즉부터 풀어봤던 게 아닌지라 지도 양심이 있는지

열심히 풀어준다. 기말고사 결과, 네 과목 토탈 한 개 틀렸단다.

직장 올인맘 자식치고 무진장 잘했다.

물론 반에 올백이 있단다. 학원 돌리는 애란다.

하은이 첫 올백은 초등 3학년 1학기 때 처음 나왔다.

1, 2학년 때 하은이 성적이 여럿 애미들 기쁘게 했었다.

눈빛이 다들 "어므나! 쟤 책을 그리 들이팠는데,

집이 완전 도서관인데, 올백은 안 나오네."

민간인이자 지랄 발광스런 승질을 지닌 지구인 하은애미는

〈배려깊은 사랑이 행복한 영재를 만든다〉 책을 손에 꼭 쥔 채로

또 틀린 개수만큼 째리고, 틀린 개수만큼 자근자근 족쳤다.

놓았던 육아서를 다시 손에 잡고 읽고 또 읽고,

하은이의 인생 최종 목표가 초딩 성적 올백이 아니라는 걸

섬광처럼 깨닫고,

배려를 망가뜨리고 칭찬을 좀먹는

모든 문제집을 재활용날 버려버렸다.

손 탁탁 털고 그 손으로 하은이 등 긁어주고 궁디 팡팡 해줬다.

그냥 난 이렇게 갈 거다. 쭈욱~

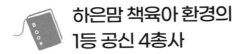

하은맘 책육아 환경의 1등 공신 4총사

1. 1200 책장

책육아의 핵심은 좌우지간 집에 책이 많아야 한다는 것이다.

동네 도서관 이용하고, 학교 도서관에서 빌려오고,

리틀코리아에서 전집으로 빌려다보는 거로는 책육아 택도 없다.

코딱지만 한 집구석이라도 이고 지고 업고라도

집에 책이 있어야 한다. 많이!

그러려면 책장이 있어야 하는 바,

애기 때 비싼 전집 100개월 무이자로 사고 받았던 4단 책장은

다용도실로 빼서 반찬통, 양파, 마늘, 매실 액기스 보관용으로 쓰고

앞으로 절대루 받지 말고 이 책장을 사시라.

이젠 국민책장이 되어버린 1200 책장.

하은이 5살 때 처음 사서 거실 전면에

들이고 책의 바다 경험하게 했던

고마운 아이템이다.

지금은 이사할 때마다 2개씩 늘어

얼추 8개가 됐다.

주로 거실 벽면에 그리고 주방 맞은편, 안방, 아이 방 벽까지

다 차지해버렸다.

책장 하나씩 사들이면서 책 옮기는 게 아주 욕 나오는 작업이지만,

이젠 이골이 났다.

옮긴 다음 날 골반뼈가 탈출할 것 같은 고통이 뒤따르지만

애가 책을 보는데, 놀다 수시로 주저앉아

책에 빠져드는데 뭔들 못하겠는가.

책장이 들어오면서 자리를 잃은 녀석의 잡동사니들은

라탄 바구니 몇 개 사서 왕창 수납해 놓으면 정리도 깔끔하고

인테리어 효과까지 만점이다.

많은 책장 덕분에 집에 화장대도 없고, 서랍장, 콘솔, 장식장도 없다.

남들 애 7살이면 세팅해준다는 책상도

하은이는 초등 4학년 올라갈 때 샀다.

그치만 책과 함께 숨 쉬고 먹고 놀고 행복해하는 하은이가 있어서

난 만족한다. 일단 사고 보시라.

책장이 텅텅 비어 있으면 책 사서 채워 넣고 싶은 게 사람 심리다.

어디다 놓을지 자리 좀 구상해보고, 애 아빠랑도 상의해보고.

어찌구 저찌구 하다가 보면 애 또 대학 들어간다.

일단 결제부터 하고 가구를 옮기든 난리블루스를 피우든 하시라.

그래야 뭐가 되도 된다.

TV 옆으로 책장 세우기.

방문하는 집집마다 무조건 제안해주는 책육아 필수 환경이다.

그 인간이 '난 반댈세~!' 한다면

나중에 애 밑으로 온 재산 다 털려 눈물 철철 흘리는 것보다는

2만 배 정도 남는 장사라고 큰소리치며 당당히 들여라.

2. 독서대

두말하면 잔소리.

우리네 엄마들이 젤~ 보고 싶은 모습이

바로 이 모습 아니겠는가.

바라만 보고 있어도 눈물이 철철

흘러내릴 것만 같은 아름다운 모습이다.

하은이 5살 때 사서 요긴하게 썼던 아이템이다.

독서대에 책 올려놓고 한참 읽고는 다 본 책들 옆에 쌓아가며

독서에 푹 빠져있는 지상에서 가장 예쁜 모습을 보고 있노라면

그동안 힘들게 지나온 책육아의 쓸쓸함과 고단함이
한방에 날아간다.

40개월 하은이 읽기독립에 혁혁한 공을 세웠던 〈교원 애니메이션 명작〉.

그 책이 넘 읽고 싶은데 엄마는 바쁜 척하고 읽어주지도 않고,

드럽고 치사해도 어쩌겠어 지가 읽어야지.

소리 내서 낭독하다가 지도 목 아프니까 속으로 묵독하다가

음원 틀어주니까 눈이 따라가며 영어 집중듣기 하듯이

눈이 글자와 소리를 짜맞춰가면서 읽기독립의 날개를 달았었다.

환경의 변화.

정말 중요한 엄마의 몫인데 사실 집안 구조를 바꾼다거나

책장을 두어 개 들인다는 게

하루아침에 실행하기 쉽지 않은 게 사실이다.

독서대야말로 만만하게 환경의 변혁을 이루어 줄 수 있는

효자 아이템이다.

특히 백과처럼 그림과 내용이 길고 많은 책을 독파할 때

환상의 활용을 보여준다.

한참을 보면서 이것도 찾고 저것도 찾고 이리저리 넘겨가며

감상도 하고 이야기도 조잘조잘 나누고.

이런 모습 보면서 잠들고 싶은가?

독서대 사시라.

3. 유아소파

2살 때부터 6살 때까지 하은이 곁에
항상 요 자그마한 소파가 있었다.
읽기독립 할 때 독서대랑 살짝 합체해
주면 방바닥에서 보는 것보다
한참을 더 편안하게 앉아 있었다.

귀한 내 딸, 책 본다고 허리도 어깨도
굽어지면 나중에 마음 아플 텐데….
마음이 놓였다. 엄마 마음은 다 똑같다.
유아소파가 특히나 빛을 발하는 때는 뭐니 뭐니 해도 DVD 볼 때다.
뽕뽕이에 빠졌던 까꿍이 시절, TV 앞으로 자꾸 기어가는 녀석
끌어다 놓는 것도 하루 이틀이고 큰소리 나기
딱 좋은 상황이 수시로 벌어지는 바,
유아소파의 입성으로 단숨에 장거리 시청이 습관화 되어버렸다.
아이는 애미가 만들어 놓은 환경 속에서
아메바처럼 모습을 바꾸며 진화한다.
내가 제일 듣기 싫은 말
"언니는 하은이가 책을 워낙 좋아해서 뭐든 계속 들여줘도
하나도 아깝지 않겠어요. 우리 애는 사줘도 안 봐요.
아직 집에 있는 것 반도 안 봤는데…."
어떤 노력을 얼마나 해봤는가 진지하게 묻고 싶다.

이 세상 어떤 아이도 책 보겠다고 첨부터 와락 달려들어
씹어 삼킬 듯 읽어대지 않는다.
환경이 얼마나 중요한지 애가 커가면 커갈수록,
애미가 늙어 점점 더 게을러질수록 뼈저리게 알게 된다.
그러니 손닿는 곳에, 내 팔이 뻗어지는 그곳에 책장이 있고,
책이 있고, DVD가 있고, 하다못해 리모컨이라도 있어야 한다.
그렇지 않고는 절대 책과 친하게 할 수도,
영어노출 환경을 만들 수도 없다.

4. 책바구니

난 싼 게 좋다.
게다가 하얀색이면 더 흥분한다.
원래는 냉동실 정리 용도로 산 싸고 하얗고, 용도도 다양한 바구니.
잘 사용하고 있다가 가만 보니, 책바구니로 써도 넘 좋겠다 싶어
지금은 침대 옆으로 반이 이사 왔다.
책을 사서 들여줬는데 문제는 이노무스키가
책을 안 읽는다고? 애들 잘못 하나도 없다.
나는 하은이 어릴 때부터 침대 위에 항
상 바구니를 놓고 그 시즌에 좋아하는 책,
읽히고 싶은 책들을 넣어뒀다.

저녁이 되면 체력이 지하 암반수를 뚫는 애미도

멀리 나가기 귀찮고, 귀찮은 건 애도 마찬가지.

손닿는 곳에 책이 있어야 바로 툭 꺼내서 주루룩 읽는다.

무조건 책과 가까이 있어야 한다.

책육아의 관건은 시간이니까.

아이의 넉넉한 시간을 엄마가 확보해주어야 한다.

동선을 최소화해주어야 한다.

돈도 많이 들지 않는다.

그래서 사랑하지 아니할 수 없는 다이소 1,000원 바구니.

아들노무스키가 냅다 던져도 절대 깨지지 않는 강도!

이동 시에도 절대 부담을 주지 않는 새털처럼 가벼운 무게!

1년간 닦지 않아도 가까이서만 보지 않으면 항상 깨끗해 뵈는 외관!

그대로 화장실 앞, 식탁 위, 모니터 옆으로 이리저리

휘딱 휘딱 옮겨 놓기 너무 좋다.

이 바구니의 역할은 애 스스로 빼보도록 하는 용도보다는

게으르고 멀리 가기 싫어 죽겠는 '애미의 편리'에 있다.

물론 녀석처럼 읽기독립 완벽하게 되고, 보고 싶은 책 아무거나

잡히는 대로 막 꺼내 읽는 수준이 되면 지도 꺼내고 나도 꺼내 읽지만,

그 전인 까꿍이 시절, 읽기독립 한창 연습하는 5~7세 아이들 집에선

절대적으로 애미가 편해야 한다. 명심하도록!

우리집의 모든 살림살이와 도구들, 집기들은 죄다

'게으르고 피곤하고 귀찮고 늙은 직장맘 애미에 맞게'
놓이고 구성되고 세팅되어 있다.
애미 손닿는 곳에, 애미 눈 닿는 곳에 모든 것이 있어야 한다.
바구니 몇 개가 내 아이의 미래를 바꾼다.

'제1반항기'라서 그랬구나

"언니, 우리 애 땜에 넘 힘들어요"하는 전화를 종종 받는다.

"나두 그랬어. 다 그래"하고 말하면 꼭 돌아오는 말,

"하은이는 착하고 말 잘 듣잖아요"

천만의 말씀! 만만에 콩떡, 팥떡, 시루떡, 개떡이다. -_-;;

그림처럼 발랑발랑 웃고 다니던 착한 하은이가

갑자기 돌변한 건 두 돌을 넘어가면서인 것 같다.

얘가 왜 이래? 왜 이렇게 사나워졌어? 말은 또 왜 이리 안 듣는지.

가슴속에서 하루에도 열두 번씩 활화산이 부글부글 끓어올랐다.

안 그래도 성격 더러운 나인지라 녀석의 그런 갑작스런 개김과 땡강을

있는 그대로 참아내기란 여간 어려운 일이 아니었다.

뭐든지 지가 하겠대. 이도 지가 닦겠다~ 밥도 지가 먹겠다~

온 집안에 뭐 흘려놓고, 밥에 물 부어 개밥 만들어놓기는

하루에 한 번이라도 거르면 지구가 멸망하는 줄 알고,

24색 파스넷 크레파스를 쭉~ 빼서는 뚜껑 죄다 열어놓고,

어디 외출이라도 할라치면 애 옷 입히는 데 적어도 20분 .

뭐 그리 들고 갈 건 또 많은지 놓고 가래도 죽어도 들고 가겠다고 떼쓰고.

사실 그런 말썽들은 말썽이랄 것도 없는 것이 고맘때 애들이 다 겪고

지나가는 거니까 내가 몸 좀 더 움직여야지 하면 그만이다.

그런데 내가 너무 힘들었던 건, 나랑 있을 때는 말 잘 듣는 순한 양인데

누군가 한 사람이라도 있으면 애가 말 안 듣기 대마왕으로

변신한다는 거다.

할머니한테 "내 꺼야~! 아냐~!" 하며 밉살스럽게 말하고,

만지지 말라는 건 꼭 한 번씩 더 만지고,

특히 친구들이나 이모들이 놀러오면 기세등등 아주 자기 세상이다.

그럴 땐 작은 방에 데리고 들어가 눈 똥그랗게 뜨고 잘 알아듣게

타일러도 보고, 야단도 쳐보고, 애원도 해보고. 정말 안 해본 게 없다.

허나 그게 먹혀들질 않으니 더 죽을 맛인 게다.

물론 너무나 이쁘고 귀엽고 사랑스럽고 마음 착한 녀석 때문에

행복하고 더없이 기쁜 반면, 때로는 힘들고 어이없고 이해 안되고 괴로웠다.

'푸름이 교육'을 다시 접하게 되기 전까지!

들어가면 너무나 훌륭한 육아 고수들에게 충격만 먹고

좌괴감에 빠져 헤어 나오질 못하는 푸름이 닷컴에 다시 발을 들여놓고,

몇 날 며칠을 하은이의 이런 행동들에 대해 검색해보고

괜찮을 글들을 죄다 프린트해서 집안 곳곳에 붙여놓고,

추천하는 육아서 5~6권을 한꺼번에 주문했다.

그중에서도 <배려 깊은 사랑이 행복한 영재를 만든다> <스마트 러브>는

내 상식을 온통 흔들어놓고, 나의 잘못된 관념을 깨뜨리기에 충분했다.

그 즈음 듣게 된 푸름이 모임에서 타이거 님 강연을 눈물 콧물 흘려가며

듣고 나서는 내가 얼마나 하은이를 이해하지 못하고,

내 아집대로 이끌려고 했는가를 뼈저리게 느낄 수 있었다.

18개월에서 36개월까지의 제1반항기 때는

그 어떤 아이들도 이전의 모습과는 달리

말 안 듣고 떼쓰고 변덕이 죽 끓듯 한다는 사실을 좀 더 일찍 알고,

그에 알맞게 하은이의 입장에서 사랑으로 대했더라면

하은이도 나도 그렇게 힘들지 않았을 텐데 싶어 마음이 너무 아팠다.

강연 후에 어떤 엄마가 푸름 아버님께 물었다.

"제1반항기에 있는 우리 아이는 일단 맘먹은 일을 못 하게 하면

있는 대로 떼쓰고 어떤 걸로도 달래지지 않아요. 어떻게 하면 좋을까요?"

푸름아버님이 물었다. "뭘 못 하게 했습니까?"

"밥에 밀가루를 자꾸 부으려고 해서 못 하게 했죠."

"밥에 밀가루 붓는 게 잘못됐습니까? 왜 안 됩니까? 기준을 넓게 가지세요.

생명에 위험이나 남에게 해를 가하는 행동이 아니면 뭐든지 허용해주세요."

한동안 침묵! 나를 비롯한 모든 엄마들이 할 말을 잃었다.

그날 이후부터 그동안의 내 좁디좁았던 기준의 폭을 넓게 잡고

너그럽고 배려 깊은 마음으로 하은이를 대했다.

그동안 참을 수 없었던 하은이의 행동들이

신기하게도 아무렇지 않게 여겨졌다.

떼쓰고 고집부릴 때 "하은아, 왜 그래!" 하며 윽박지르지 않고

"이게 잘 안되서 하은이 맘이 많이 속상하구나.

저런, 엄마가 도와줄게" 하고 꼭 안아주었다.

미운 말 할 때도 "하은이가 지금 기분이 안 좋아요?

엄마가 어떻게 하면 하은이 맘이 풀릴까?" 하며 안아주었다.

물론 맘속에선 활화산이 훨훨 타올랐으나, 신기하게도 떼쓰는 일이 많이

줄어들었다.

배려 깊은 사랑이 이렇게 놀라운 결과를 낳게 되는

지 정말 신기하고 놀라웠다.

하은이는 어느새 이전보다 훨씬 침착하고

안정된 모습을 찾아가고 있는 중이다.

제1반항기의 끝을 알리는

"엄마, 이거 잘라도 돼요? 여기다 그려도 돼요?"

하는 말들도 하고 있고.

집중력 뛰어나고, 체력 좋고, 호기심 넘치고, 책 좋아하고,

엄마 많이 사랑해주는 하은이의 좋은 면들만 찾아 꼭꼭 간직하기에도

시간이 많지 않다는 걸 요즘 새삼 느낀다.

진작 알았으면 좋았을 걸 하는 후회는 버리기로 했다.

지금이라도 알게 돼서 얼마나 다행인지 하면서 가슴을 쓸어내리기로 했다.

오늘도 더 많이 인정해주고, 용납해주고, 배려해주리라 다짐해본다.

4장

신발 신으면 돈지랄,
폰 잡으면 시간지랄

"

검색질로 허송세월
보내지 마라

"

나이 먹어 '진상' 소리 듣기 싫으면 닥치고 저축!

"생각해보고, 고민해보고, 연락드릴게요."

그렇게 말한 수백 명 중에 연락 온 사람 단 한 명도 없었다.

생각해보고 고민해보면 더더욱 답이 안 나오거든.

안 그래도 답이 안 나오는데…

"막 결혼해서 돈 쓸 곳이 많아요."

"애 막 낳아서 들어가는 곳이 많거든요."

"집 사서 대출 때문에 돈이 없어요."

"빚내서 저축하는 건 아니잖아요."

"애가 중학생이라 학원비 대느라 허리가 휘어요."

"여유 생기면 그때 연락드릴게요."

웃기시네~ 요단강 건너가기 전까지 인생에서

여유란 없다. 안 생긴다.

왜냐? 소비를 줄이지 못하는 당신은 그 시기가 지나도

그만큼 또 쓰거든요.

쭉 그렇게 써댄 부모는 결국 자식 학자금 대출받게 해서

편의점 알바로 개고생시키고,

등록금 투쟁하다가 학점 안 나와 취업 비관하게 만들고,

졸업과 동시에 신용불량자 만드는 거다.

남편이 벌어다 주는 25일 월급이 영원으로 이어질 것 같은가?

사회적 정년이 55세인데.

언제까지 그렇게 '여유 생기면~ 나중에요~'를 뇌까리고 있을 텐가.

난 수입 50% 저축한다.

신용카드 자른 지 10년 넘었다. 현금만 쓴다.

TV는 안 튼다. 틀면 돈 쓰라고 지랄들이니까.

인터넷 쇼핑은 조직원의 제보 있을 때만 얼른 사고 나온다.

동네 엄마들 수시로 만나 마트, 식당에 전기세 내주러 다니지도 않는다.

물론 나도 30대 초중반까지는 돈 관리 정말 가~관이었다.

춘향이 봄바람에 그네 타듯 대애~충 뭐 들어오는갑다,

나갔는갑다 하며 처쓰고 다니고 왜 이리 안 모이지?

꽤 버는 거 같은데, 나름 아끼면서 사는 거 같은데

남들처럼 비싼 옷도 안 사 입고, 신상 줄줄이 꿰차는 된장녀도 아닌데

옷은 그지발싸개고, 머리도 2~3년에 한 번씩 미용실 가는 게 다인데,

쥐시장에서 산 싸구려 티에 인체공학적인 S자형을 그리는

엉덩이와 무릎 나온 추리닝은 언제 산 지 기억도 가물가물한데…

내 삶은 왜 이러지?

정말 '그것이 알고 싶다'에 제보하고 싶은 마음이 그득했다.

FC로서 누군가를 만났을 때,

그 딱딱하고 미쳐버리겠는 어색함을 한 큐에

무너뜨릴 수 있는 한마디가 있다.

"월급의 기쁨이 며칠 가세요오~?"

상대방의 반응은 5000만 국민이 다 똑같다.

일단 웃는다.

아니, 웃는 게 웃는 게 아니다. -_-;;

월급날에 대한 이해할 수 없는 메커니즘을 짧고 임팩트 있게

'퍼가요~♡'라는 처연하고 무심한 듯 표현해낸 우스개 문구.

매달 25일 오전 9시경, 아무런 힘 한번 써보지 못하고

쓸쓸히 로그아웃해 버리는 저 가엾은

월급님이 너무 애처롭지 않은가.

이 글을 보고 눈물짓지 않을 이 누가 있을까?

'에이, 난 아냐~' 할 수 있는 이가 얼마나 될까?

몇 년 전까지의 내 삶이 그랬고,

내 주위 많은 이들이 여전히 그러고 계시다.

> 월급님이 로그인하셨습니다.
> 국민카드: 퍼가요~♡
> 롯데카드: 퍼가요~♡
> 신한카드: 퍼가요~♡
> 기업카드: 퍼가요~♡
> 국민연금: 퍼가요~♡
> 의료보험: 퍼가요~♡
> 교통카드: 퍼가요~♡
> KT: 퍼가요~♡
> 월급님이 로그아웃하셨습니다

실제로 돈을 만져보며 사는 이 얼마나 될까?

영화 〈매트릭스〉에서 숫자들만 빼곡히 흘러내리는 가상의 공간에서만

돈이 왔다리 갔다리.

카드로 긁고, 쓰고, 갚고, 막고,

심지어 때로는 마이너스 님도 로그인시켜 가상의 공간에서

지랄발광을 해댔던 나의 과거여. 아흐~~~

재테크 책 사서 읽어보고,

장기, 중기, 단기, 수익률, 펀드, 포트폴리오,

주식, 복리 어찌구 저찌구 공부도 열라 해봤으나,

하면 할수록 미지의 세계로 빠져드는 나의 가계여~

재테크의 결론은 하나다.

수익률이고 나발이고, 상품이고 나발이고 다 필요 없다.

무조건 저축! 강제 저축!

무식하게 저축부터 하고 보는 것이다.

그리고 그것보다 더 더 더 중요한 건 저축 시작한 그날부터

매달 저축할 그만큼의 돈은 더 이상 내 돈이 아니라고 생각해야 한다.

중간에 깨는 저축은 안 하니만 못하다는 게

머절맘 대표 하은맘의 피 끓는 간증이다.

넣고 깨고, 붓다 깨고, 모으다 쓰고.

모을 때는 허리띠 졸라매고 죽을 똥~ 살 똥~ 피똥 질질 싸며 힘겹게

모았는데 중간에 가타부타 사정으로 깨거나 만기 돼서 찾아놓으면

벌린 손가락 사이로 모래알 빠져나가듯 스르르 없어진다.

귀신에 홀린 듯. 난 뭐 쓴 것도 없는데, 한 것도 없는데…

그래서 돈 잘 모으는 사람들이 저축성 보험에 넣고 잊어버리고

산다는 사실을 인생 느지막이 알게 됐다.

남는 게 그거밖에 없단다.

은행 적금은 원금 살아있으니까 돈 필요하면 언제든 깨서 쓰고,

펀드는 수익률 좋다고 지 손으로 들어놓고 많이 오르면 좋다고 깨쓰고,

떨어지면 불안하다고 깨쓰고,

그니까 돈이 안 모이지.

소액으로라도 이름표 달아 무조건 강제 저축 당장 시작하고

그만큼 매달 안 쓰고, 또 좀 더 저축하고, 그만큼 또 안 써야 한다.

재테크도 훈련이고 연습이다.

삶이 절대 찌질해지거나 구질구질해지지 않는다.

도리어 어깨가 펴지고 당당해지고, 피식피식 웃음이 새 나온다.

비밀연애 시작하는 사내 커플마냥.

아이의 초등학교 입학은, 고등학교 입학은, 대입은, 결혼은

정말 도적같이 찾아온다.

더 무서운 건 내가 돈 없이 살아야 하는 길고 긴 노후다.

정말 인생 별거 없다.

사부작사부작 불어나는 내 통장이 있고,

독서로 인해 채워지는 내 머릿속 풍요로움이 있고,

같은 생각을 나눌 수 있는 몇 안 되는 코드 맞는 친구

있으면 인생 성공이다.

현금만 사용한 지 어언 10년째.

1,000원짜리 한 장이 얼마나 귀하고 소중한지

가상공간에 나타났다 사라지는 페이크 머니가 아니라,

내 손에서 만져지고 셀 수 있는 리얼 머니를 느끼면서 사는

"나는 부.자.다!"

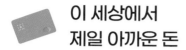

이 세상에서
제일 아까운 돈

1위. 배송비 2,500원

쥐시장, 옥숀, 12번가 샅샅이 뒤지고 심혈을 기울여 3시간 만에

내 쌔끈한 샌들 하나 골랐는데,

결제 버튼을 누르려고 했드니만 5만 원 이상이면 무료배송이란다.

만 얼마 모자란다. 켁!

업체 다른 물품 보기를 눌러 쪼매난 거 하나만 더 골라야지 하다 보니

2시간이 더 흘렀다. 눈깔이 튀어나오고, 다크서클이 무릎까지 내려왔다.

정신이 혼미해지며, 새벽녘이 다가올수록 모든 가치 판단이 흐려지고

넬 다시 고르면 배송비 5만 원의 허들을 살짝 넘으면서도

날 차도녀로 빙의시킬 수 있는 주부 9단의 셀렉팅을 할 수 있을 것만 같다.

결국 오늘도 결정 못하고 폰 잡은 채로 침대에 고꾸라져 잠이 든다.

배송비 2,500원 아끼겠다고

돈으로도 바꿀 수 없는 수억 원의 시간을 버리고 있는 맘들이

이 땅에 2500만이다.

2위. 타행 은행수수료 1,000원

동네 엄마들이랑 애들 유치원 간 사이 마실이나 가자 했는데

지갑에 꼴랑 1,000원짜리 2장 있다.

가는 길에 돈 찾아야지 생각하고 나갔는데 가는 길에

우리은행 ATM밖에 없다.

난 아파트 대출금 이빠이 받아서 국민은행 VVVIP고객인데,

우리은행에서 찾으면 1,000원이나 버려야 하네, 아까워 그냥 지나친다.

식당에서 엄마들 만나 배 찢어지게 밥 먹고,

어제도 오늘도 내일도 그닥 다르지 않은 수다를 의미 없이 떨고서

돈 모아 낼 때 자연스럽게 카드깡을 한다.

"내가 낼 게~" "아니 아니, 내 카드로 낼 게~"

갑자기 생긴 현금으로 어차피 나온 김에 장도 보고 간다.

은행수수료 1,000원 아끼려다가 예상치도 않은 돈지랄로

기분 드러운 맘들이 이 땅에 2500만이다.

3위. 에어컨 전기세

난 알뜰한 주부 9단이니까, 난 현명한 알뜰맘이니까

애랑 나랑 둘이 있는데 에어컨 켜는 건 용납이 안 된다.

장마도 끝난 한여름 온몸이 끈적끈적~

두 마리의 파리 끈끈이가 딩굴어대니 집엔 도저히 있을 수가 없다.

저 윗동네 시립도서관을 가볼까? 옆집에 놀러 가볼까?

근데 떡진 머리에 비주얼도 영 후진데…

그래, 마트 가자. 시원하고 애도 실컷 뛰어놀 수 있으니까.

그렇게 차 끌고 가 기름 버리고, 나온 김에 점심 사 먹고,

매대에서 애 빤쓰, 남편 빤쓰 3장씩 사고,

애가 진상 떨어서 구슬 아이스크림 사주고,

저녁 시간 다 돼서 장 봐온 돈이 12만 9,000원이다.

그렇게 쓰고 다니는 돈이 한 달에 60~70만 원. 켁!

이럴 거면 에어컨, 선풍기 번갈아 켜고 집에서 시원하게 놀걸

후회하는 맘들이 이 땅에 2500만이다.

4위. 주차비

친구 만나러 시내 나갔다가 차 세울 곳이 없어서

적당히 짱 박아 둘 곳을 찾아 뱅글뱅글 도느라 기름 버리고,

그래도 유료주차장에 넣기 너무 아까워 건물 옆에 잠깐 세워놓았다가

나중에 집으로 날아든 4만 원짜리 주차위반 딱지를 받았을 때의
그 허망함이란!
아님 근처 쇼핑몰이나 백화점에 차 세워놓고 영수증 챙기려고
계획에도 없는 물건 사서 나올 때의 나는
머저리도 아니고 안 머저리도 아니여~
주차비 몇천 원 아끼려다가 몇만 원씩 나라에 헌납하는
맘들이 이 땅에 2500만이다.

5위. 중고 책값 차이

하은맘은 A급 중고책 저렴하게 사서 하은이 맹길었다눈데…
난 프뢰베르베르 라인 잘못 탔다가 열라 삥 뜯기고
책육아를 한 것도 아니고 안 한 것도 아닌 상황에 놓여진 바,
나도 중고나라에서 미친 듯이 깨끗하고 개저렴한 중고책을 꼭 골라
하은이를 삥 까는 영재로 만드리라 다짐하고
매일 저녁 애가 잠들고 나면 중고나라, 개똥이네를 뒤지기 시작한다.
〈차일드 애플〉을 검색해봤더니 60~70개의 글이 뜬다. 켁!
우와~ 이런 세상이 있었다늬~ 가격도 몇만 원부터 20만 원대까지
선택의 폭도 겁나 다양하네. 어디 몸 좀 함 풀어 볼까나.
근데 한참을 째리다 보니 구성도 다 달라, 권수도 다 달라,
출간 연도도 다 다르다.

CD 있는 거 없는 거, 워크북 푼 거 안 푼 거.

상태도 열라 좋다고 하는데 판매자가 일반 엄마가 아니라 업체인 거 같고,

가격이 저렴하면 몇 권이 없고,

상태가 좋으면 가격이 새 책 가격이나 비슷하고,

또 눈깔은 빠질라 그러고, 정신은 안드로메다행이다.

시간은 또 새벽녘… =_=;;

헌데 오늘 여기 쏟아부은 시간이 아까워 더 검색질에 힘을 쏟는다.

'이 세상 어딘가에 더 싸고 더 상태 좋고 쩍~ 소리 나는

AAA급 중고책이 존재할 거야.

지금은 내가 아직 분노의 중고책 검색질에 익숙지 않아서 못 찾는 걸 거야.

낼 오전에 애 유치원 가고 나서 다시 검색하면 반드시 찾아질 거야.'

라는 기대감을 갖고 피곤에 절어 잠자리에 들지만

내일도 모레도 결국 고르지 못하고 다크서클로 줄넘기만 해댄다.

이렇게 허송세월 보내다가 사지도 못하고 애 중학교 들어갈 것만 같은

공포감이 엄습하는 건 그리 오래 걸리지 않는다.

이 세상 어딘가에 너무너무 좋은 물건이 너무너무 저렴한 가격에

판매되고 있다는 생각!

아이를 키우는 애미들이라면 다 하고 있을 것이다.

나만 모르고 있는 거지, 정보 많고 현명하고 발 빠른 주부 9단 엄마는

아이도 잘 키우고 돈도 허벌라게 많이 아낄 거라는

생각에 사로잡혀 있을 것이다. 허나 그런 건 없다!

배송비 아끼고, 공구로 저렴하게 사고, 중고책 11박 12일 뒤져

5,000원, 10,000원 아껴 집 사고, 차 사고, 재테크 성공하고,

비자금 몇천만 원 챙긴 사람 대한민국에 한 명도 없다.

그로 인해 공기 중에 연기처럼 흘려버린 시간이 수억이고,

그 시간 동안 모니터에 붙어 앉아 혹은 스마트폰 꼭 쥔 채

등짝만 보여주는 애미 밑에서

내 자식은 그야말로 '건강하게만~' 자라주고 있다.

밤새 검색질하신 덕분에 피곤한 애미한테 들이댔다가

괜히 욕 직사리 얻어먹고

내적불행만 열심히 쌓고 있는 불쌍한 자식들만 늘어간다.

인터넷이 우리나라 애미들을 망가뜨리고, 통장을 비워나가고,

아까운 시간을 좀먹고, 나아가 내 자식을 망가뜨리고 있다!

엄마들이여, 정말 중요한 게 뭔지 정신 똑바로 차리고 인식하자.

몇천 원 아끼자고 몇백만 원, 몇천만 원에 해당하는

귀한 시간 버리지 말고, 그 자리에서 결정하고,

하루라도 1시간이라도 빨리 시작하고,

이 사람 저 사람 만나 시간 버리지 말자.

'신발 신으면 돈지랄, 폰 잡으면 시간지랄이다.'

냉장고에 써서들 붙여 놓으시게. 당쫭~!!!

배송비 아끼고, 공구로 저렴하게 사고, 중고책 11박 12일 뒤져
아낀 돈으로 집 사고, 차 사고, 재테크 성공한 사람
대한민국에 한 명도 없다.
그로 인해 공기 중에 연기처럼 흘려버린 시간이 수억이고,
그 시간 동안 등짝만 보여주는 애미 밑에서
내적불행 열심히 쌓고 있는 불쌍한 아이만 늘어간다.

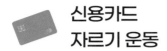

신용카드
자르기 운동

남녀노소 누구라도 아무라도 할 수 있는 너무나 쉬운

하은맘표 재테크!

카드 없이는 집 앞 목욕탕도 못 가게 되어버린 우리네 인생들.

'금융~' '신용~'이라는 이름을 떡허니 달고,

고급스럽고 럭셔리하게 매스컴에서 유혹해대니,

저걸 써줘야지만 현대 여성의 시크하고 세련된 향기가

내 몸에서 폴폴 풍겨 나올 것만 같은 착각에 사로잡힌다.

'뭔 마트랑 제휴~ 뭔 파크랑 조인~ 뭔 쇼핑몰, 시네마 할인~ 적립~'

아주 카드 한 장만 있으면 포인트 적립에, 금세 부자가 될 것만 같고

머저리 같은 남들과 달리 야금야금 내 돈이 쌓일 것만 같은

그지 깽깽이 같은 착각 속에 하나둘 만든 카드가 5~6개다.

헌.데. 매달 25일이면 월급의 기쁨을 느낄 새도 없이

신한머시기, 롯데머시기, 비씨, 비자 이딴 놈들이 내 피 같은 돈을 반 이상

확 빼가버리니 매달 은행에 삥 뜯기는 느낌이다.

내가 명품가방 하나를 샀으면 말이나 안 해.

빕스 가서 맨날 브런치를 먹은 것도 아니구.

내 옷은 죄다 옥션표 지마켓표 5,900원, 9,900원짜리인데,

내 삶은 여전히 지지리 궁상인데…

왜 카드는 맨날 150만 원씩 나오구 지랄인겨~

진짜 내가 카드를 다시는 쓰나 봐라.

카드를 자르든 내 손모가지를 자르든 다시는 안 쓴다.

은행 가서 체크카드 당장 만들고 신용카드는 자르려고 보니까

포인트며 할인이며 제휴며 혜택이 무지 많은데

게다가 적립금까지 꽤 쌓였단다. 워메~ 아까워라.

일단 만약을 대비해 서랍 속에 넣어두고 쓰지는 말자. 그래, 난 할 수 있어.

버뜨 월급 받은 지 일주일이 채 되지 않아

마트에서 체크카드로 결제하는데

캐셔 아줌마가 큰소리로 "고객님, 잔고가 없으신데요오~!" 한다.

아놔~ 쪽팔려! 기분 드럽다.

이놈의 체크카드는 어디 불안해서 가지고 다녀도 소용이 없네.

일주일 만에 그 기능을 상실해버리니.

아, 며칠 긴축생활을 했더니 슬금슬금 금단현상도 오고,

백화점 할인 쿠폰과 동네 대형마트 오픈한다는 찌라시가

아주 미치도록 싸게 판다고 유혹해온다.

온 동네 엄마들 개나 소나 다 털조끼 입고 다니더만

나만 그지발싸개인데…

'아, 지르고 시퍼~ 미치겠어~ 에이 모르겠다.

3개월 무이자 신을 불러보자. 오신다 오신다~' 결.제. 쿠궁~!

담달 25일이면 난 또 같은 드러운 기분과 자책과 우울함과 각오로

악순환을 반복한다.

신용카드는 정말 '금융'과 '신용'이라는 이름을 건 고리대금업이고,

그야말로 대출이다. 소.액.대.출!

절대로 쓰지 말아야 하는 악의 축이다.

사부작사부작 쓰게 되는 신용카드로 인해 우리나라 가계 대출이

세계 최대이며, 저축 비율이 세계 꼴찌다. 아, 자랑스럽다~ ￣_￣;;

하는 일이 FC이다 보니 많은 가정을 방문하고,

특히 주부들을 만나 가계 상황을 짚어보게 되는데,

정말 망측한 경제상황을 내버려 두고 있는 집이 너무 많다.

남편이 벌어오는 270~350만 원 혹은 그 이상의 월급에서

아파트 대출금 나가고 공과금에, 보험료에(보장성),

기본 고정 생활비 빼고 남는 돈에서 불과 얼마라도

저축할 생각은 안 하고, 애들 사교육비에 홀라당~ 카드 값으로 홀라당~

아주 가관이다. 그러면서 죽겠단다.

보험 없이 연금 없이 교육자금 준비 없이 저축도 안 하고.

센터와 홈스쿨 등 사교육만 6~7개.

맨날 아줌마들 만나 카드 긁고 다니고,

정말 용감무쌍하신 주부님들이 너무나 많다.

물론 너무너무 잘하셔서 고개가 절로 숙여지는 분들도 많이 보게 된다.

정말 저축은 해본 사람이 더 더 더 하게 되는 거 같다.

수입의 50% 저축! 반드시 지켜야 한다.

너무 어렵다면 다만 30%라도 반드시 저축하라.

그러려면 신용카드는 절대적으로 없애야 한다.

정 불안하면 신용카드를 집 어딘가에 처박아 두고 다녀라.

물론 갑자기 아줌마들 만날 때 현금이 없어서 쪽팔릴 일도 있고,

(그만 일로 나 무시하고 어색해질 사이라면 앞으로 만나지도 말라.

내가 어떤 마인드로 사는지 아는 친구들은 아무런 문제가 되지 않는다.)

현금이 없어서 허탕 치는 일도 초기엔 비일비재하겠지만,

훈련이 되고 습관이 되면 정말 한 달에 50만 원씩 괜히 현금으로 남는다.

눈깔 나오게 신기하다.

그럼 대방동 족집게 처녀보살이 제시하는 저축 솔루션

들어보실랑가요?

1. 강제 저축

일단 소액으로라도 시작해 이번 달부터 당장 강제 저축을 실행한다.

없어야 안 쓴다.

2. 체크카드를 만든다

주거래 은행 가서 체크카드를 만들어라.

체크카드는 내 통장에 있는 돈만 결제되니까 지출 통제 기능이 있긴 있다.

근데 체크카드도 결국 카드다. 현금 쓰기로 가는 훈련 단계!

3. 매주 월요일에 5만 원씩 찾아서 지갑에 넣어놓는다

주거래 ATM 멀리 있다고 '그쪽 갈 일 있을 때 찾아야지' 하지 말구

아무 데나 수수료 내더라도 가까운 곳에서 찾아라.

그러다가 돈 못 찾아놓고 급할 때 카드 긁어버리는 사태가 곧 발생한다.

수수료 아까우면 언능 집 젤 가까운 ATM이 있는 은행을

주거래 은행으로 바꾸든가.

아줌마들의 귀차니즘은 모든 이론과 법칙을 묵사발시키므로.

4. 옆집 엄마(특히 일반육아맘)는 만나지 않는다

되도록이면 나랑 코드가 맞고 책육아 하는 맘들 위주로 만난다.

잦은 아줌마들과의 마실과 '건너와 모드'는 돈 쓰는 지름길이다.

앞집 엄마가 한번 사면 결국 빚이다. 내가 담에 사야 한다.

(ps. 여기서 일반육아맘이란, 책육아를 안 하는 평범한 민간인 주부를 칭함)

5. 마트, 홈쇼핑, 인터넷 쇼핑을 끊는다

지름신은 항상 상주해 계시며, 무엇보다 책육아와 엄마표 영어에

올인해야 할 엄마들의 돈보다도 중요한 시.간.을 사부작사부작 앗아간다.

그리고 무이자 10개월의 엄청난 매력 때문에 돈지랄하기 딱 좋다.

허나 3개월째 결제될 즈음이면 난 이미 그 물건에 질려 있다. 의미 없다.

꼭 사야 될 물건이 마침 저렴하게 나왔고,

꼭 이곳에서만 살 수 있는 거라면 현금 결제하고 송금하시라.

결론! 돈이 폭발적으로 많이 들어갈 시기는

지금이 아닌 내 아이가 고등학교 졸업한 이후다.

그런데 안타깝게도 그 시점은 남편의 경제적 정년이

꺾이기 시작하는 시점과 정확하게 맞물린다.

사회적 정년 55세! 3억쯤 모아났으면 돈 써도 된다.

10년 안에 확실하게 물려받을 재산 있으면 돈 써도 된다.

아니면 다들 카드 잘라버리고 미친 듯이 저축해야 한다.

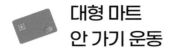

대형 마트
안 가기 운동

대형 마트 안 가기 운동!

강제저축 50%를 위협하는 가장 큰 적은 목돈 소비다.

월급 들어오는 날, 그달 수입의 반은

무조건 요기조기 정해진 통장으로 다 파묻어

자물쇠로 잠가놓고 '내 돈 아니다~' 하고 모른척하면 일단 맘은 편하다.

고런대로 살 만도 하다.

근데 집에 먹을 게 없다. 휴지도 꼴랑 한롤 남았다.

피죤도 엊그제 남은 한 방울까지 쪽 빨아서 썼던 기억이 난다.

스멀스멀~ 새로 뽑은 차 끌고

마트 한번 멋들어지게 순회하고 싶은 욕구가 쓰나미로 몰려온다.

참지 못하고 하은이 뒤에 태우고 홈플리우스로 갈까 하다가
코스트코리아로 핸들을 튼다. 왜? 난 소중하니까~
정말 꼭 필요한 것들만 카트에 주위 담는다.
나름 메모지에 적어도 왔다. 짜식, 난 정말 알뜰살뜰 주부 9단이라니까!
우아하기 그지없게 널찍한 마트를
하은이 카트에 태우고 정말 꼭 필요한 것만 산다고 샀는데,
하은이 방만한 카트가 벌써 다 찼다.
휴지도 다른 마트보다 훨 싸서 샀고, 피죤도 용량 따지면 진짜 싼 거고,
생리대는 두 보따리나 뽀나쓰로 붙어있는 거 샀다.
도넛도 덩킨에 비하면 진짜 싼 거고,
고기도 닭다리도 냉동실에 넣어두면 두고두고 먹을 거니까 얼른 샀다.
진짜 필요한 것만 집요하게 비교 분석해서
치밀하고 디테일하게 주위 담았다.
난 삼성카드가 없어서 여기는 현금만 되니까
현금지급기에서 넉넉하게 20만 원이나 찾았다.
이거면 떡을 치고도 남을 거야.
헌데 19만 4,000원이란다. 기분이 지랄이다. -_-;
개떡 같은 기분으로 집으로 터덜터덜 돌아와 팔뚝 빠지게 낑낑대고
갖고 올라와 냉장고 여기저기, 싱크대 여기저기 쑤셔 박아 놓는다.
난 꼭 해야만 할 일을 한 거야 하면서 매번 그렇듯이.
다음날, 어제 쇼핑했는데 집엔 여전히 먹을 게 없다.

이상하다. 신비롭다.

하~ 내가 다시 마트에 가면 사람이 아니다.

울 동네 GO마트가 대한민국 최고다.

필요한 거 있을 때마다 5,000원짜리 달랑 들고 가

필요한 거만 사오는 게 훨 낫다.

마트 한 번 가면 못 써도 15만 원은 기본이다.

일주일에 한 번만 가도 한 달이면 4~5번, 두 번만 가도 8번.

이렇게 사부작사부작 쓰고 오는 돈이 적게는 한 달에 60만 원,

많게는 120만 원이 되는 거다.

마트 한 달에 한 번만 안 가도 20만 원짜리 적금 하나는 들 수 있다.

한 달에 마트 한 번 안 간다고 삶의 질이 떨어지는 것도

내 가오가 떨어지는 것도 아니다.

난 요렇게 1년 마트 안 가고 모은 돈이 어영부영 500 정도가 된다. 올레!

요렇게 계속 모으면 1억도 모을 것 같다. 뻥 좀 보태면!

헬스클럽은 못 가도 내 이 운동은 올해도 꾸준히 할란다.

컴퓨터랑 폰
끄기 운동

인문고전을 겨드랑이에 끼고 통찰력 있게 응애~ 하며

태어난 애기 어데 있는가.

그렇다고 사팔뜨기에 띨빵~한 눈빛으로 멍 때리며

태어나는 아기 또한 없다.

누구나 스펀지 같은 천재적인 두뇌와 감성을 가지고 이 세상에 나온다.

니 자식이나 내 자식이나 모두.

이런 아이들을 영재로 혹은 평재로 심지어 둔재로 맹길어 놓는

신비로운 능력 또한 신 내림 받듯 함께 얻는다는 게 참 안타까울 따름이다.

뭔 말이나 하면,

하은이는 원래부터 똘똘하고, 책만 오지게 읽고, 미친 감수성으로

주변을 깜짝 놀래키며 태어난 게 아니다.

단지 '책'이라는 장난감을 손에서 놓지 않았기 때문에

오늘의 하은이가 되었다. 그 이유 하나다.

사실 내 친구를 비롯, 다들 애 낳고서 잘들도 키우길래

나도 그냥 낳으면 내버려 둬도 잘 크는 줄 알았다.

재우면 그냥 자고, 먹이면 그냥 받아먹고,

놀아달라고 할 때만 잠깐씩 놀아주면

자동으로 커서 유치원 가고, 초등 드가 학부형 되고, 그러는 줄만 알았다.

애가 어쩜 그렇게 안 자고, 안 먹고, 쉬지도 않고 징징대는지,

왜 밤마다 처울어서 윗집 아랫집 창피해 3년을 내리 밤마다 업고 나와

온 동네를 1~2시간씩 싸돌아다녀야 하는지,

왜 그렇게 책대로 안되는지 정말 미쳐 돌아버리는 줄 알았다.

〈삐뽀삐뽀 911〉만 있으면 소아과의사로 빙의해 시시각각 닥쳐오는

응급상황을 슬기롭게 대처할 줄 알았으나,

실제 상황에선 3,500원짜리 부르펜 시럽보다도 못했고,

영유아 애미의 초특급 베스트셀러인 〈베이비 위스퍼〉를 읽고

수면훈련 시키다가 2시간 내리 처울려 애 성대 나가게 하고,

애 가슴 깊은 곳에 내적불행 풀~세팅시켜줬으며,

〈엄마, 나를 천재로 길러 주세요〉를 읽고

'내 자식 천재 만들기 대작전'을 펼치다가 하면 할수록

뿜어져 나오는 내 자식의 거부할 수 없는 둔재활동에

승질만 버럭버럭~ 내고 괴로워하기를 수천 일…
자책이 심해지면 자괴감이 오고, 우울증이 오고, 무기력해진다는 걸
그때 뼈저리게 느꼈다.
그래도 그땐 물어볼 곳이라고는 책밖에 없었으니까
책대로 안되면 얼른 수정해서 다시 해보고, 복구할 시간이 충분했었다.
진짜 육아서를 성경책 삼아 읽고 또 읽고,
마음을 뒤흔드는 내용은 밑줄을 치고, 책 빈구석에 다시 한번 쓰고,
다이어리에 구구절절 써놓았었다.
버뜨 지금은 컴퓨터, 스마트폰이 육아서의 자리를 꿰차면서
애미들은 육아서를 주문하기 이전에
육아대표카페에 가입해 4,500가지 조언들 속에서 헛갈리게 됐고,
뒷거래를 숨긴 대표 카페와 파워블로거, 인플루언서들의
그 휘황찬란한 교구, 장난감, 수업, 전집 추천에 가슴만 벌렁거리며
그렇게 하지 않으면 우리 애만 뒤처질 것만 같은 불안감에
검증도 읍씨 구입하고, 월급통장 앵꼬 나면 카드 긁고,
카드 안되는 공구 결제는 마이너스 통장 만들어 쓰고.
저축 안 한 지는 한참 됐고, 괜히 잘 들어가고 있는 보험 깨고 연금 깨고,
그래놓고 원금이 안됐네~ 손해나서 못 들겠네~ 하며 지랄들이다.
난 FC 초기 때 "돈이 없다. 여력이 안 된다" 하도 그래서
진짜 그런 줄 알았다. 인자, 날 속이느니 귀신을 속여라!
하루 종일 컴터 앞에 앉아 혹은 폰 잡고 뒤적거리면

육아 고수가 될 거 같지?

물티슈, 기저귀 최저가 검색해내면 나라에서 상줄 거 같지?

문자로 띵동~ 쪽지, 메일로 쏴대는 하루가 멀다한 공구 쪽지들에 식겁해서

지금 당장 그 물건을 사지 않으면 내 자식만 뒤처질 거 같고…

썩지 않으니 언젠가는 볼 거고, 쓸 거니까 지금 사놓아도

절대적으로다가 지혜롭고 센스 있는 소비를 한 거 같지? 쯧쯧쯧…

왜 그러고 살아.

낮에 식모처럼 애 시중들고, 청소하고, 뒷설거지하느라 소파에 제대로

앉아보지도 못했으면 쉬어야지. 자야지 푹~

그래야 담날 애보다 먼저 빨딱 일어나 밥도 해놓고

육아서 한 장이라도 읽으며 힘을 내지.

밤새 검색질, 쇼핑질 하느라 피곤에 떡이 돼서는 먼저 인난 애가

엄마 제발 좀 일어나라고 족쳐야 겨우 인나.

그제야 밥 준비한답시고 케이블 유아방송 내리 틀어 중독시켜 놓고,

애가 영어 DVD를 안 보네 어쩌네 하지. 으이구~

육아 전문블로거를 자칭하는 장사블로거들이 판치고,

전문가인 양 썰을 풀어대는 하수들이 넘실대는 지금이

육아하기 더 힘들다.

차라리 정보가 없고, 공구가 없고, 어설픈 추천이 없는 예전이 나았다.

나와 함께 책육아 하는 조직원들 대부분이 그렇지만,

정말 흔들리지 않고 눈에 띄게 잘하는 엄마들의 공통점이

바로 컴퓨터와 스마트폰에서 멀다는 거다.

책과 내 자식의 눈빛!

딱 그 두 가지에만 내 시선을, 내 시간을, 내 열정을 집중할 때다.

그러기에도 시간이 짧다.

지금 당장 인터넷 쇼핑몰 문자, 쪽지, 메일들 수신 차단하고,

즐겨찾기에 들어차 있는 육아카페들을 죄다 삭제하라!

얼마나 많은 시간과 돈이 남아도는지 새삼 놀라게 될 것잉께.

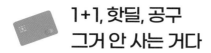

1+1, 핫딜, 공구
그거 안 사는 거다

결국 안 남으니까 이왕이면 남는 걸로!

과거 머절 시절의 난 바로 이 이유 때문에

경험이 아닌 물건 사쟁이는 데 돈을 다 써댔다.

남들한테 보여줄 수 없는 경험보다는 보여주기 딱 좋은 물건에,

제품, 소품, 옷, 가방 등등에 투자했다.

그것도 기왕이면 싸게 사겠다고

할인, 1+1, 꺅~! 핫딜, 공구, 이건 사야 돼~ 사야 돼~!

절호의 찬스~ 같은 소리에 좋아 자빠져가지구

환장하고 달려들어 남들 사기 전에 빨리 선점하고 쟁였다.

모지리… 모지리…

글케 산 것들 잘 쓰고 살았게? 그랬으면 내가 말도 안 해.

잘 사용한 게 아니구 모시고 살았지.

돈도 돈이지만 그 검색한 시간, 돌아다니면서 고민한 시간이 아까워서

제대로 쓰지도 못하고 먼지 쌓이도록 고이 모셨다.

근데 남들한테 보이는 게 중한 것이 아니라

아무도 몰라도, 흔적조차 없어도

내 가슴에, 내 뇌리에, 내 기억에 남을 '순간'들에 돈을 써야 돼.

글구 그 순간을 최대치로 느끼고 감동할 수 있도록

지성과 감성을 키워봐야 한다구.

내 기를 쪽쪽 뺏어가는 뱀파이어는 애가 아니라 '물건'이여.

애는 그냥 내 나쁜 기, 어두운 쓴뿌리 뽑아내주는 농부지.

나두 몰랐다구.

내가 살림살이에, 물건에 치여 지쳤던 거지,

애 때문에 그런 게 아니었단 걸.

물건에 대한 집착을 버리고, 그 집착을 내 사람으로 향하게 하면,

최소한의 소비도 나에게 가장 알맞은 걸로 선택할 수 있는 힘이 생겨.

생각해봐.

넘쳐나는 물건들 아끼고 닦으려고

소중한 아이가 나한테 온 게 아니잖어.

그 물건들보다 내 아이가 백 배, 천 배 중요하잖아.

숱한 시간을 좌절하고 철철 울고 편지 쓰고 무릎 꿇고

그나마 너무 늦기 전에

정신 차리고 내 에너지 빼앗던 물건들 다 버리고 버릴 때마다

'미친눈, 나가 죽어, 다시는 안 사, 다시 사면 진짜 정신병자'

그 짓 호되게 하면서 지금의 헐렁한 집안과

순간순간 시간이 탁! 멈추는 감격의 삶을 산다.

사지 마라.

육아 힘들다고 소비로 자꾸 눈 돌리는 심리, 그거 정신병이야.

내가 해봐서 안다. ㅇㅇㅇㅇㅇ~

소비와 검색과 비교로 인한 순간적인 쾌락이 크면 클수록

그 이후의 허탈함과 자괴감은 땅굴을 파.

제대로 차려입은 거지꼴 향해가는 거, 그 찝찝함 싫지 않냐?

물건 사지 말고 돈 모아.

아무것도 안 산다, 생각하고 불편하게 몸 움직이며 살면서

내 미래, 내 노후 탄탄하게 준비해놓고

수입의 10%를 내 공부와 내 성장, 내 경험에 소비하면서 몸값 올려.

너무 쉬워서 어이가 없는 돈 관리 책 2권 알려줘?

〈운명을 바꾸는 10년 통장〉(고득성), 〈부자 통장〉(박종기)!

돈 다루는 태도, 돈 모으는 공식 알려주는 재테크 입문서로 딱 좋아.

육아에 매진할 땐 딴 데 눈 돌리지 말고

'육아'라는 경험, '책'이라는 공부에 매진하고

생활은 검소하게 미친 듯이 아끼면서 살어.

이 세상 그 어떤 부자도

10년 이상 미친 듯이 아끼고 모으는 자린고비 시절 안 겪은 이 없다.

물론 나도 그랬고.

지긋지긋하게 힘든 육아 기간 동안 악착같이 모으면서

공부하고 일하고 경험치 채우며 기회를 노리는 거다.

종잣돈과 돈공부가 함께 늘어나지 않고서는

아무리 열심히 살아봤자 기회는 오지 않는다.

기회가 와도 알아채지 못하거나 돈이 없어 울면서 패스~

혹은 배팅했다가 실수로 과한 욕심으로 홀라당 잃게 될 거다.

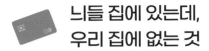

늬들 집에 있는데,
우리 집에 없는 것

늬들 집엔 백프로 있는데

언니 집엔 없는, 없앤 지 좀 된 아이템들 알려줘?

1. 전자레인지

내 몸, 내 자식 몸은 소중하니까!

대신 22년 된 혼수냄비 + 2,000원 삼발이의

환상의 콜라보~ 마이크로웨이브파의

유해성 전혀 없이, 영양소 파괴 없이,

녹이고, 익히고, 덥히고, 찌고 안 되는 게 뭐가 있어?

2. TV

있긴 하나 공중파, 케이블 다 끊어서

그냥 틀면 아무것도 안 나온다.

단지 다큐, 영화 다운받아 보는 용도일 뿐.

싱크대 인터폰 화면만이 생방 나오는 유일한 자리라

올림픽 개막식 생방으로 볼 수 있다고

와와~ 좋아했던 싱크대 앞 개미 세 마리!

니들은 이런 골 때리는 재미 모르지?

3. 소파

대신, 1인용 안락의자가 우리집 유일한 소파다.

그리고 나머지는 안락함 전혀 없는

공부용 플라스틱 의자들. 죄다~

아침에 침대에서 눈을 떠, 밤에 잠들 때까지

잠시라도 드러눕거나 늘어져있지 않고

계속 움직이려고 일부러 돈 내고 버렸다.

그 공간 만큼 아파트 평수가 넓어진 건

물론이거니와 살 빠지고 가족들 사이가

더 가까워졌다.

마법이다. 이건.

4. 옷장

우리 아파트 전부 붙박이 옷장 짜 넣는

안방 저 넓은 자리.

저 귀하고 아름다운 공간에 옷장을 어케 놔?

책장을 놔야지.

난 7단 책장 6개 쫘라락~ 넣고 맨날 변태처럼 좋아한다. 으흐흐~

덕분에 침실이 서재도 되고, 시네마룸도 되고, 바도 된다.

세~상 신난다.

5. 진공청소기

다이슨 꺼져~!

우리집 진공 안 되는 청소기,

겁나 싸고 강력함!

새벽 2시, 3시에 돌려도 민원 NO~!

가성비 수퍼 갑! 정전기 청소포 밀대가 있다.

진짜 새 세상이다. 아~오~!

이 외에도 우리집엔 많은 것들이 없다.

기부하고 나누고 버렸다. 눈물을 머금고.

어떤 건 해로워서, 어떤 건 일 줄이려고,

또 어떤 건 많이 움직이려고.

각자 다른 이유로 과감하게 없애버린 거였지만

그 비움의 효과는 정말 상상 초월이었다.

말할 수 없는 개운함. 여유로움.

그로 인해 남아도는 공간, 시간, 그리고 잉여 에너지.

크~~~ 이거 이거 완전 대박이다.

없애본 사람만 아는 이 미친 한산함.

비움, 버림, 미니멀 라이프 관련 책만 수십 권을 읽어대며

벌인 짓들이라 더 뼛속 깊이 와닿는다.

뭐가 없어야, 뭐가 되는 거다.

삶의 빈 공간, 빈 시간을 봐라.

그 안에서 화르륵~ 타오르고 있을 에너지와

몰입, 관계, 성장을 상상하면서!

너희들이 살게 될 미래다.

피아니스트가 꿈이랍니다

하은이 친구들 대부분은 6~7살 때 피아노 학원에 다니기 시작했다.

쫌 사는 집 애들은 피아노 선생님이 집에 오시고,

보통은 애가 피아노 학원으로 간다.

여전히 책과 놀기 바쁜 하은 양을 바라보며 다들 한마디씩 했다.

"언니, 여자애들은 피아노 일찍 시켜야지 좋아.

고학년이 되면 예체능 할 시간 없대. 미리 시켜놔야지.

피아노가 두뇌 발달에도 도움이 된다는데 언니는 왜 안 시켜?

나중에 후회하지 말구 얼른 보내. 매일 가는 데 10만 원밖에 안 해. 얼른~"

짠 듯이 하나같이. 민간인 하은맘은 살짝 아니, 조금 많이 흔들렸었다.

지금껏 무슨 계획이나 시스템이나 강단을 가지고 키워온 게 전혀 아닌,

오로지 주먹구구식 개통육아로 삘~ 꽂히는 대로

굴러먹어온 1인으로서 그냥 보내~ 말어~ 하는 맘이

하루에도 수천 번씩 가슴을 울렁거렸으나 그냥 안 보냈다.

안 그래도 유치원 갔다 오면 4시인데 놀고 먹고, 멍 때리다 보면

시간 없는데… '책 읽을 시간이 없어서' 이게 이유였다.

초딩 되면 더 시간 없다고 하던데,

그나마 널럴하게 풍족하게 책 읽을 수
있는 마지막 시간이 7세인 거 같아서.
그러다가 초등 1학년 입학식 날,
학교 정문 바로 길 건너 제일 가까운
피아노 학원에 묻지도 따지지도 않고
등록했다. 4시에 끝나던 유치원과 달리
초딩은 애미 머리 감으면 애가 집에 온다. 헉!
안 그래도 체력 딸려 하시는 친정 부모님께서 "난 애 못 본다. 데려가라~"
난리 치실까 두려워 무조건 등록했다.
그렇게 초등 1학년부터 다니기 시작한 피아노 학원.
적기교육이라는 게 뭔지, 느지막이 배우는 즐거움이 뭔지
난 하은이의 몰입과 즐김을 보면서 뼛속 마디마디 느꼈다.
얼마나 재미있어하는지 얼마나 즐기고 행복해하는지
말로 다 표현할 수가 없었다.
피아노도 집에 없었다. 그닥 필요할 것 같지 않다는 애미의 무지함에
친정에 할아버지가 업어오신 구닥다리 오르간으로 버텼다.
피아노 선생님이 내주신 숙제 한답시고
다리도 없는 전자오르간 앞에 앉아 똥땅거리던 녀석 모습이
아직도 눈에 선하다.
그렇게 1년을 보내고 2년을 보내고, 친구들 진도를 거의 다 따라잡았다.

선생님도 하은이의 이해도와 몰입, 열정에 몸서리칠 정도로 감탄하셨다.

학교 숙제는 까먹어도 피아노 숙제는 자다가도 벌떡 일어나 뚱땅거리고,

할아버지의 제보에 의하면 잘 안 되는 부분은 될 때까지

1시간이고 2시간이고 스스로 연습했단다.

지가 좋아서 스스로 하는 학습의 힘이 얼마나 큰지

다시 한번 느끼는 순간이었다.

어릴 때 시작한 친구들이 지상 최고 지겨움의 하나인

<체르니>에서 나가떨어지고 6개월, 1년 쉴 때

하은이는 그것마저 즐기며 쭉쭉~ 치고 나갔다.

집에 피아노도 한 대 없이 나간 콩쿠르에서 아깝게 금상을 받고,

나보다도 더 많이 안타까워하고 죄송해서 머리를 조아리시는

피아노 선생님께 면목이 없어 피아노 한 대를 샀다.

그날 이후 하은이의 피아노 사랑이 얼마나 뜨거웠던지

진즉 사줄 걸, 진즉 사줄걸.

한편으로는 굶주려서 더 그러는 건가 싶기도 하고,

정말 누누이 느끼는 거지만 애들은 좀 읍씨 키워야 잘 큰다.

당시 반에서 장기자랑을 했는데, 어떤 애가 무지무지 멋진 피아노곡을

연주했다면서 집에 오자마자 인터넷을 뒤져 찾아냈는데

그 곡이 바로 이루마의 'River flows in you'였다.

악보를 찾아 노트북을 악보대에 올려놓고 뚱땅거리기 시작하는데

혼자서 잘 안된다고 승질을 냈다가, 몇 줄 잘 쳐지면 좋아서 흥분을 했다가

쌩쇼를 하더니만, 이루마 연주 동영상을 찾아 또 한참을 들어댔다.

듣고 또 듣고 그러기를 2시간.

"엄마, 너무 아름다워. 멋있고. 이루마 오빠처럼 피아노 잘 치고 싶어.

나 나중에 피아니스트 될래!" 민간인 하은 애미는 공포를 느꼈다.

나중에 얼마의 돈으로 밀어주느냐에 따라 레베루가 달라지는 게

그 길인지라. 암튼 한 줄 한 줄 비슷하게 음률이

만들어지는 쾌감을 만끽하기를 며칠,

드디어 누가 들어도 이루마 비스무리한 연주가 들리기 시작했다.

지가 혼자 찾아 연습한 곡이라 어수룩하긴 하지만

지 귀에는 애미 눈에는 감동에 겨워 가슴이 뜨겁다.

"악보 좀 프린트 해다 줘, 엄마아~"

하은이의 요구를 미루고 또 미루고 까먹다가 기적적으로 생각난 어느 날,

갖고 싶다던 악보들을 좌라락 프린트해다 줬다.

지가 좋아하는 순서대로 한 장 한 장 비닐에 끼우며 행복해했다.

아이를 기쁘게 하는 일 별거 아닌데…

모든 걸 빠르게 접하게 해줘야 한다는 인식이 팽배한 요즘,

절대적으로 유아 시절에 충분히 가해져야 할 노출은

책과 놀이밖에 없다.

어린 시절 책으로 다져진 하은이의 감성의 힘이

피아노 선율에서도 느껴지는 건 나 혼자만의 착각일까?

5장

지구인 엄마는
육아가 힘들어

"

이 시간 다신 안 돌아와.

힘 들 지 만   참 아 .

조 금 만   더 …

"

세 돌까지는
엄마가 딱 끼고 있는 거다

남들이 다 보낸다고 나도 보내는 게 맞는 이치라고 생각해?

옆집 엄마가 죽으라면 죽을 거야?

왜 세 돌도 안 된 애를 어딜 못 보내서 생난리들인지…

나라에서 지원해주는 보육 제도가 전업맘 아이들을 위한 게 아니라,

어쩔 수 없이 직장에 다녀야 하는 직장맘들을 위한 건데

왜 전업맘들이 좋다고 맡기고 자리 마감시켜버리는 건데?

남자로 태어났다면 무조건 2~3년을 비합리적인 통제와 규율 속에

어이없고 고통스런 군대생활을 '견뎌내야' 하듯이

엄마라면 말도 안 되고 미칠 것 같은

육아 기간 3년을 '견뎌내야' 하는 게 의무다.

많이 배웠든 덜 배웠든, 있는 놈이든 없는 놈이든

군대 가면 무조건 대가리 박아야 한다.

그래야 비로소 '인간 노릇'을 하게 되는 거다.

그래서 자고로 뒷구멍으로 군대 뺀 놈들이랑은

연애질은커녕 눈도 마주치면 안 되는 거다.

하물며 한 인간을 탄생시켜 제대로 된 '사람'을 만들어야 하는

그 너무너무 중요한 초기 과정을 애미가 아닌 다른 사람 손에

맡긴다는 게 말이 되냐고!

내가 길러야 '내 자식'이다. 특히 만 3년까지는 더더욱!

힘들다고 보내고, 둘째 태어났다고 보내고,

답답하고 미칠 것 같다고 보내고,

애랑 하루 종일 같이 있으면 종일 화만 낸다고 보내고,

엄마랑만 있으면 애 성격 버릴 거 같다고 보내고,

애가 완전 미친놈처럼 에너지가 뻗쳐대서 감당 못 하겠다며 보내고,

하루 종일 데리고 있으면 애가 너무 심심해하는 거 같아서 보내고,

심지어 첫째가 초등학교 입학했다고 까꿍이 둘째를 맡기질 않나,

울 동네 엄마들 공짜라고 다 보내는데 나만 안 보내니 똥줄이 탄다며

호떡집 불난 듯이 자리 나는 데 찾아 눈깔을 희번덕거리니⋯

하은이는 어떡했냐고?

녀석 4살 후반에 어린이집 2~3개월 잠깐,

5살 3월부터 본격적으로 어린이집 다니기 시작했다.

한 곳을 쭉~ 다니지도 못하고 이사하고 뭐하고 하면서

총 네 곳의 어린이집을 옮겨 다니다가 초등 입학시켰다.

시집살이 안 했으면 5세까지도 데리고 있었을 거고,

어쩔 수 없이 일 시작하지 않았으면 6세 때도 끼고 있었을 거다.

"에이~ 하은맘은 애 잘 키우시잖아요. 놀이도 많이 해주고,

배려로 사랑으로 보듬을 수 있응께 글치,

난 데리고 있는 게 애 망치는 거예요옷~!"

으흐흐흐흐~~~ 눈으로 안 봤으니 뭘 알겠어?

내 속에서 꿈틀대는 이 미친년의 순간 돌변 능력을.

나도 맨날 식겁하는데…

녹록치 않은 환경과 상황에서 오는 괴로움과 고통을 고스란히

죄 없는 녀석에게 쏟아부었던 그 시절,

내 인생에서 통째로 삭제해버리고 싶었던 그 지옥 같은 시절,

나라고 이 승질 더러운 애미한테 고통당하는 녀석을

시설 좋고 가격도 싼 가까운 어린이집에 넣고 싶지 않았겠냐고.

치워도 치워도 그대로인 집안 꼬라지, 쌓여만 가는 설거지통…

애 보내놓고 콧바람 한번 제대로 쐬고 싶고,

목욕탕 가서 3년간 못 민 때 한번 제대로 벗기고 싶고,

동네 복지관 가서 5만 원짜리 헬스도 좀 하고 싶고,

인테리어 카페 고수들처럼 괘종시계 주어다가

하얗게 페인팅도 하고 싶고… 나라고 안 그랬겠냐고.

그래도 그러면 안 되는 거라고

육아서에 다~ 나와 있는 거 두 눈으로 봤는데.

영재 키운 엄마든 평범하게 키운 엄마든, 외국서든 국내서든,

죄다 기관에 일찍 맡기지 않아야 애 잘 키울 수 있다고 쓰여 있는데,

정답을 아는데 어떻게 내 몸 힘들다고, 남들 다 보낸다고

그 어린 자식을 맡겨?

지지고 볶든 진흙탕 싸움을 하든 애를 잡았다가 사과했다

또 잡았다 사과했다를 4500번 반복하더라도

세 돌까지는 집에서 끼고 있어야 하는 거다.

지를 낳은 애미와 애착을 만족할 정도로 느껴야 하고,

미운 정 고운 정 다 들어야 하고, 세상이 그리 녹록치 않다는 것도

선생님이 아닌 지 애미를 통해서 느껴야 한다.

그리고 정말 중요한 이유 한 가지! '책육아!'

충분한 시간이 확보되지 않은 상황에서는 책의 바다는커녕

책과 친숙해지지도 못한 채 평생 이어질 사회생활을 시작해버리는 거다.

원 수업 자체가 나빠서가 아니라, 책과 자연스럽게 친해지고 빠지고 몰입

해서 책이 '화장실 가기'가 되고, '물 마시기'가 되고,

비로소 '공기'가 되도록 하기 위한 너~른 시간의

확보가 무엇보다도 중요하기 때문이고 그렇게

책으로 세팅된 아이는 그 이후에 어떤

기관, 어떤 조직에 들어가도 안정된

정서와 적응력으로 행복한 삶을 영위하게 된다.

특히나 90% 이상의 아이들이 주로 밤중에

책을 몰입해서 읽으려고 하기 때문에 새벽 1~2시까지 읽어주다가

애도 애미도 고꾸라져서 잠들다 보면 다음 날 아침 9시

셔틀시간을 맞춘다는 건 200% 불가능하다.

(낮엔 교감 신경, 밤엔 부교감 신경이 활성화되어서 그렇다고

과학자들이 애저녁에 밝혀놨음)

시간 구애받지 않고, 밤이든 아침이든 편안하게

지가 내킬 때 맘껏 읽어주고, 지가 읽고 그래야 하는데

기관에 일단 보내버리면 게임 끝이다.

책이 공기가 되어가던 하은이도 4살 후반에 어린이집에

다니기 시작하면서 뚝 끊겼다고 해도 과언이 아닐 정도로

읽는 양이 확 줄었었다.

그래서 내가 당시에 하던 일 접고 집으로 다시 빽~! 녀석도 빽~!

하물며 책에 대한 몰입 한번 제대로 경험시키지 못한 애를 원에

입학시키는 건 '난 책육아 안 하겠소~' 선언하는 거다.

그리고 또 너무너무 중요한 것!

'한글 어느 정도 떼주지 않고 원에 넣는 건 자살 행위다.'

이유를 대라면 15가지 정도 읊어댈 수 있으나 딱 두 가지만 얘기하겠다.

첫째, 기관에 들어가는 순간 너무도 다양한 놀이와 놀잇감에

노출되어버린다.

집에 오면 공주만 그리고, 블록 놀이만 하고 책 안 본다.

종일 칼싸움하고, 인형놀이, 소꿉놀이에 목숨 건다.

한글놀이? 불가능하다.

둘째, 또래를 알고 캐릭터 세계에 젖어들어 종일 친구 찾고,

책과 한글은 더 빠이빠이다.

책 절대 안 본다.

그나마 밤 10시 넘어 몇 권 봐주던 책마저 못 읽고 개피곤해서 처자뿐다.

애미도 다음날 '셔틀 태우기 대작전'과 '키 키우기 대작전' 때문에

어쩔 수 없이 재워야 한다.

세상을 알기 전, 또래를 알기 전, 미디어 속 스펙터클한 캐릭터를 알기 전,

그 전에 책에 퐁당~ 빠뜨리지 않으면,

원에 다니고 나서부터는 한글 떼기, 읽기독립 무진장 힘들어진다.

그러니까 애가 6, 7세가 다 되도록 한글도 못 떼고 어영부영 시간 보내다

초등 직전 부랴부랴 학습지 돌려가며 애 잡는 애미들이 득실거리는 거다.

애는 잘못 하나도 없다.

하은이는 한글 떼고, 읽기독립까지 거의 마무리되어가는 시점에

어린이집을 다니기 시작했기에

그나마 지금껏 나일론 실처럼 가늘고 길게 책을 놓지 않을 수 있었던 게다.

니들 부러워하라고들 해쌌는 말이 아니라

나중에 애미가 편해지려면 원에 일찍 보내지 말라는 얘기를 하는 거다.

결론! 만 3년은 기관에 맡기면 안 된다.

그리고 한글 아직 안 뗀 놈은 무조건 내년에 보내는 거다.

읽기독립까지 시켜주고 보내면 그 이후부터는

나처럼 애 발로 키울 수 있게 된다.

그럼 직장맘은 죽으란 말인가? 이 매정하기 그지없는 하은맘아!

승질 급하기는… 알았어. 말해줄게.

휴직이 가능한 자리는 미리 휴직하지 말고 애 낳으러 가는 날부터

육아휴직을 최대한 길게 내, 되도록 만 3년 채워 키우다 나가고,

휴직과 동시에 책상 빼는 회사는 과감하게 때려치우고 애 키워야 한다.

둘이 벌어야만 하는 어쩔 수 없는 상황이라면 친정엄마든 시월드든

머리 조아리고 섭외해 돈 갖다 바치며 애 세 돌까지 끼고 있어 달라며

입의 혀처럼 굴어야 한다. 자존심 버리고.

솔직히 말하면 할머니가 만 3년 키워준 자식은 할머니 자식이지

내 자식이 아니다.

나중에 애미 말 우습게 알아도 애 족치지 말아야 한다. 권한 없다!

물론 애 키우고 나서 나 받아주는 곳 없는 거 알아.

나도 애 낳기 전엔 이름만 대면 다 아는 굴지의 대기업 비서실,

교육부 대들보 직원이었다.

애 키우고 다시 일하려니 백화점 캐셔도 문턱이 높았다.

회사 안 그만두고 친정엄마한테 애 맡기고 계속 일한 친구놈은

오랜만에 전화하면 미국 출장 가 있고, 과장 되고, 차장, 부장 되고,

철 따라 펜션 가고, 해외여행 가고, 집도 막 아이파크로,

뤠미안으로 넓혀가구…

헌데 10년이 훌쩍 지나고 보니

애 맡기고 죽어라 번 돈, 빚잔치 하느라 그리 많이 모으지도 못했고,

그나마 모은 돈은 애 여기저기 보내면서 대부분 쓰고,

결국 공부 따라주지 못하는 애 중고딩 때 핵폭탄으로 자금이 투하된다는

수많은 선배들의 피 철철 흘리는 간증이 곳곳에서 들린다.

애 어릴 때 집구석에서 애만 본 하은맘은 돈도 못 벌고,

집도 꽉꽉 넓히지 못했지만 만 3년 녀석이랑 비비대며 한글 떼주고,

5세에 읽기독립 시켜놓고 슬금슬금 내 일 하다가

7살부터 지구상에서 가장 바쁜 FC 엄마가 되어버렸는데도

애는 잘도 큰다.

애가 지 혼자 크니 죽어라 일해서

짧은 시간에 돈도 많이 벌고 엄청나게 모았다.

엄마가 끼고 있는 게 '먼저', 빠져주는 게 '나중'이다.

이 순서는 절대 바뀌면 안 된다.

'책육아' 그리 만만한 거 아니다.

양다리 걸칠 거면 시작도 하지 말아야 한다.

초반 3년의 고생으로

30년을 편하게 가고 싶은가?

끼고 뒹굴어라.

죽을 거 같지?
원래 그래, 육아라는 게

직장맘이 회사를 당장 그만두지 못하는 이유는 돈 때문만은 아니다.

육아가 두려워서다.

간땡이 부은 써클노무스키가 퇴근 후, 본처인 TV를 끼고

소파와 합체해 리모컨질 하며 처자빠져있는 이유도

피곤해서라기보다 애 보는 게 힘들어서다.

시금치께서 며느리가 손자 낳을 때가 되어가면 묻지도 않았는데,

'내는 니 자식 절대 못 본다'며 없는 동창모임에 복지관 노래교실까지

개근하겠다는 열의를 불태우시는 것도

애 보는 게 힘든 걸 알아서 그러시는 거다.

잘나가는 박사도 변호사도 의사도 그녀들이 자식 키우는 애미라면

이 세상에서 가장 힘들고 어려운 일이 '육아'였다 말할 게다.

일상의 고단함과 난해함이 뒤범벅된 육아에서

그 달콤 까꿍 아가를 부둥켜안고 어찌하질 못해 허둥대던

서툰 엄마는 이제 없지만, 그 느낌은 아직도 생생하다.

육아 쉽게 가자고 목에 핏대를 세우고 소리치지만

정말 쉽기만 해서 그러겠는가.

버벅대고 실수하고 욱하고 수시로 해이해지고

좌절 → 다짐 → 절규 → 후회 → 반성 → 또 좌절 → 다짐의

무한반복일지라도 아이와 함께 부둥켜안고 참고 노력하며 이겨내야 한다.

'값 지불, 고통 감내하기, 참아내기'

육아에 지름길 따위는 없다.

꺼이꺼이~ 울어대는 녀석의 눈물을 보면서 느꼈고,

울다 잠든 녀석의 작고 여린 뒷모습에 가슴 쥐어뜯으며 깨달았다.

결국 이 녀석과 내가 둘이서 부둥켜안고 해결해야만 하는 굵은 실타래.

피해갈 수도 피해 가서도 안되는.

양치도 내가 서두르지 않고 기다려만 주면 이쁘게 스스로 하고

충치 병균 물리쳤다고 조잘댔었는데…

시장 바닥 한가운데에서도 이쁜 짓~ 하면

얼굴을 있는 대로 찡그리며 자기가 할 수 있는

최선을 다해 엄마를 기쁘게 해주던 아가.

애미한테 혼나고 나서도 뒤돌아서면

해맑게 웃어주던 착한 아이.

이런 너에게 엄마가 도대체 무슨 짓을 한 거니?

세상에 믿을 사람이라고는 엄마밖에 없을 네게

엄마의 화난 표정이 얼마나 무섭고 두렵고 쓸쓸하게 느껴졌을까.

생각만 해도 가슴이 먹먹하다. 왜 자꾸 잊어대는지…

그랬으면 좋겠다, 난.

내 아이를 알기 위해 밤이 지새도록 책을 읽고,

2살이든 4살이든 7살이든 내 자식의 눈을 바라보면서 대화하고,

니 마음 어떤지 얘기해달라고 묻고,

왜 그렇게 행동하는지, 왜 그렇게 징징대는지

옆집 엄마가 아니라, 컴퓨터 속 유명 블로그가 아니라

육아서와 내 아이의 눈빛 속에서 해답을 찾아갔으면 좋겠다.

특히 내 자식이 읽기독립 전이라면 더더욱 지름길은 없다.

돌아갈 길도 없다.

힘든 길이고, 고통스러운 길이고, 올곧이 견뎌야 하는 길이다.

피곤하고 졸려서 죽을 것 같아도 책을 읽어줘야 한다. 죽지는 않는다.

외로워도 슬퍼도 신발 신고 동네 엄마들 만나러 튀어나가고 싶어도

참아야 한다.

공구 카페 속 사진들마다 보이는 휘황찬란한 교구들, 장난감들,

죄다 사주고 싶고, 방문 쌤 불러 활용시키고 싶어 죽을 것 같아도

참아야 한다.

책 무진장 많이 읽힌 내 자식이 "이런 뷰웅~!" 소리를 수시로 내뱉게

만들더라도 소리 지르지 말고 참아야 한다.

젖소, 유모, 식모살이가 미치도록 괴롭고 우울해서 베란다 문 열고

확 떨어지고 싶어도 참아야 한다.

이렇게 살아가다 보면, 책육아로 잘 길러진 내 자식이

어느 날 갑자기 나의 인내를 증명해주고 주변을 놀라게 할 것이다.

귀는 열어놓되 눈은 내 자식을 향해야 한다.

잠시라도 정신줄을 놓으면 그 순간 애미는 애를 잡는다.

배려 깊은 사랑을 말하는 책육아 강사 하은맘도 여전히 그러고 산다.

국내 유일 지 자식 족치며 살아왔다는 참회 육아블로거 하은맘은 말한다.

육아 장난 아니다. 그런데 그래야만 내 아이를 진정 사랑할 수 있게 된다.

가슴 뜨겁게 껴안을 수 있고 비로소 녀석과 내가 하나됨을 느끼게 된다.

행복한 육아? 웃기고 있네. 행복할 겨를이 있어야 행복할 거 아냐!

다른 사람 손에 애 맡기고 학문으로 배운 육아,

상담 케이스 속에서 건져 올린 노하우들

씨불이는 육아서들 난 고이 접어 나빌렐란다.

함께 24시간 진흙탕 싸움하면서

외압과 탄압 온몸으로 받아가면서 해온

육아기에 난 진정 행복하다.

가장 중요한 건
애미의 체력이다

평일에는 일하느라 새벽에 나가 깜깜해져야 들어오는
근로 노동당원인 관계로, 주말엔 버려졌던 딸내미 위로 차
나들이도 가고, 체험활동도 하고, 친구네도 놀러 가야지
마음은 항상 먹어보지만 아무것도 못 한다. 택도 아리마생이다.
늘어지게 늦잠 좀 자야겠다 싶은 토요일에는
유난히 꼭두새벽에 괜히 눈이 떠진다.
수업 시간 내내 헤드뱅잉하며 내리 졸다가 쉬는 시간 종만 울리면
화들짝 잠이 깨지는 학창시절의 그것과 같은 이론인 겐가…
새벽에 혼자만의 자유 시간을 누리며 애먼 짓거리 하다가
8시쯤 하은이가 깨서 '놀아줘~쏭'을 불러댈 때쯤이면

순간 급 피로가 몰려오며 아침나절부터 체력이 방전되는

신비로움을 경험한다.

녀석과 지킨 약속이 안 지킨 약속의 5%도 안 된다.

미안함과 자책을 국 끓여 먹는 사이 어어어어~ 애가 쑥 커버렸다.

체력이 지랄이다.

그렇다고 일이 고되어서 〈마지막 잎새〉 주인공마냥 파르라니 말라가면

내가 말을 안 해. 나날이 육덕져지고 있다.

후덕한 표정에 편안하고 자상한 몸매, 이런 된장!

정말 누누이 얘기하지만 육아에서 가장 중요한 건 '애미의 체력'이다.

하은맘이 산 전집 단돈 천 원, 만 원이라도 저렴하게 사겠다고

중고나라 뒤질 시간에 잠을 자야 한다!

일반유치원이냐 영어유치원이냐 고민할 시간에 잠을 자야 한다!

단원평가 올백 맞히겠다고 애랑 문제집 펴고 피바다 만들 시간에

잠을 자야 한다!

잠이 안 오면 육아서를 읽든 잡지를 보든 영화를 보든

체력을 보충하고, 애 보느라 빠져버린 '진'을 보충할 뭔가를 해야 한다.

이 놀라운 메커니즘을 알아내기까지 정말 많은 시간을 허투루 보냈었다.

엄마표 영어 하겠다고 밤새 프린트하고, 족보 찾아 헤매고,

다운받겠다고 안되는 머리 용량 있는 대로 돌리다가

괜히 애먼 컴터 두 대를 폭파시켰었다.

잘나가는 엄마표 영어 하는 블로그들 들락거리며

따라하겠다고 가랑이 다 찢기고 진도 높이다가 애만 잡고

자괴감에 빠져 머리 쥐어뜯기를 수천 밤…

그 사이에 내가 늙었다.

잠을 안 자면 살이 붙는다는 걸 순수한 경험을 통해 체득했다.

허걱 하며 등골 오싹할 애미들 2500만이겠군.

난 이제 신상 구두보다 홍삼 엑기스가 더 좋다.

브랜드 특별히 안 가리지만 정관장은 나에겐 샤넬백이다.

쌀 떨어질 때보다 집에 삐콤씨, 유산균, 오메가 3 중

하나라도 떨어질 때 더 불안하다.

피곤하면 약을 먹는다. 마약환자가 손 떨며 주사 맞듯.

잠시 생각해보시라.

자식 잘 키워보겠다고 싸돌아다니는 체험활동, 센터수업,

학원, 엄마표 수업 등이 얼마나 큰 애미의 체력 소모를 가져오고 있는가.

센터 가는 월, 수는 가면서 애 잡고, 오면서 애 잡고,

다녀오면 아무것도 못 하고 성심성의껏 짜증만 부리고 있지 않든가?

애 사회성 키워주겠다고 동네엄마들 만나 수다 떨고 배 터지게 점심 먹고

온 날은 진이 다 빠져서 책이고 나발이고,

케이블 만화 틀어놓고 종일 방치하지 않느냐 이 말이다.

뭐가 중요하고 효율적인지 빨리 깨닫고 노선을 바꾸지 않는 한

아무것도 얻지 못하고 시간만 보내다가

글로벌 인재는커녕 글로벌 띨빵이~ 애미로 전락할 것이다.

미친 사교육 시장만 탓하며,

가파른 등록금 인상률만 욕한들 뭐가 변하겠는가.

나라가 변하는 게 빠른지, 내가 변하는 게 빠른지 얼른 상황 접수하고

내 체력 내가 보충해 내 자식 내가 알아서 잘 키워야 한다.

책 읽어주기보다 배려가 앞서야 하고,

엄마표 영어보다 실컷 놀리기가 앞서야 하며,

강제적인 압박보다 여유로운 눈빛으로

바라봐주는 것이 앞서야 하는 바!

그러려면 애미의 충분한 체력이 필.수.다.

잘 먹고 잘 자고 잘 쉬자.

어디서 힘을 주고 어디서 힘을 빼야 하는지

강약 조절을 배워가는 과정이 바로 육아다.

이게 완성된 사람이 '육아의 고수'라고 일컬어지는 거지

정보 많고 족보 꿰차고 이것저것 많이 해줬다고 고수가 아닌 것이다.

난 요즘 일에 지치고 체력이 떨어질 때마다

날 위해 쉬어주는 여유가 생겼다.

진정한 쉼이 있은 후에야 비로소 "괜찮아~ 닦으면 돼~"라는 말과

녀석을 향한 따뜻한 눈빛이 흘러나온다는 걸 온몸으로 느꼈기 때문이다.

이 세상에서
가장 무서운 말

4위. "밖에 나가자!"

애가 나가자 그럴 때 왜 돌돌이 모자 꼭 쓰고 가란 말 안 한 거야!

기미, 주근깨 열라 생긴다고 어디서 들었던 거 같기는 한데,

이 정도까지 얼굴 구려진다고 공익광고를 내보냈어야지! 아놔!

내가 제일 싫어하는 놀이기구 '시소'.

이거 태초에 개발한 놈 처죽이고 싶었다.

애 친정엄마가 봐주고 회사에서 잘나가

는 친구놈들은 승진하고 인정받는데,

난 좀비 같은 내 자식과 시소만 타고 있다.

이대로 사회 부적응자가 될 것만 같았다.

낮이고 밤이고 밖에 나가자고 발광을 하던 반항기 시절,
하은 선수의 페이버리트 아이템! 네버 엔딩 그네 타기.
그네 밀어주다가 늙어 죽을 것만 같았다.
내가 그네 밀어주려고 코피 터져가며 공부한 거 아니라니깐!

3위. "엄마~ 놀아줘!"

녀석과의 무한반복~ 후진 놀이가 난 너무너무 재미읍썼다.
차라리 나가서 노가다를 뛰고 싶었다.
남의 집 식모살이를 사는 게 낫지, 삽질도 그런 삽질이 없었다.
처음에는 재미나게 응해주지만, 시간이 지나면 지날수록
깊어가는 저녁나절이 되면 몸이 피곤한 것보다
녀석과 놀아주는 게 너무 짜증났었다.
그럼 대한민국 진상녀의 면모를 과시하며 왜 어지르느냐,
우유는 왜 흘리고 다니느냐, 스케치북은 왜 한번 찍~ 긋고
다음 장 넘기느냐, 색연필은 왜 죄다 돌려
빼놓느냐며 개지랄을 떨었다.
난 이 세상에서 '종이접기'가 제일 싫다.
'공기놀이'는 너무 무섭고,
'쎄쎄쎄'는 생각만 해도 입덧이 도진다.

2위. "엄마~ 또!"

낮엔 미친개처럼 쳐놀다가 밤만 되면 시작되는 '책 읽어줘~ 모드'.

10시까진 그래도 테레사 수녀의 자비와 인내심으로

몹쓸 동화구연을 자처하지만 12시가 넘어가면서

점점 나의 저질 본성이 모습을 드러낸다. '자라. 쫌 자라구….'

"엄마~ 또~ 또~ 읽어줘!"

아, 미칠 것 같아. 돌아버릴 것 같아. 새벽 2시가 넘어간다.

깊은 심호흡과 함께 푸름이 뻥 까는 파랑이를 만들겠다는 각오로

죽을힘을 다해 읽어주지만 또 또 또~가 계속되면서 궁딩이를 들이밀면

초반의 열정과 자비심은 온데간데 없고 싸늘한 숨소리만이 난무한다.

또~ 또~ 하면 첫 번째로 떠오르는 이 책,

〈차일드 애플〉 하면 떠오르는 이 책,

생각만 해도 오바이트 쏠리는 이 책,

〈유쾌한 가족〉이다.

한번 잡았다 하면 열다섯 번은 연속 반복해야

궁딩이를 떼던 녀석… 어우~ 쏠려!

대망의 1위. "엄마~ 일루 와봐!"

가봐도 별거 없다는 게 문제다. 재미도 드럽게 읍썼다.

난 글루 가기 정말 싫었다.

큰맘 먹고 설거지 좀 할라치면 그랬고,

널어놓은 지 일주일이 다 되어 집안 먼지로

뒤범벅된 빨래 좀 개려고 하면 그랬다.

책육아 하면서 다 끊어진 몇 안되는 친한

친구놈 전화 좀 받을라치면 영락없이 들려오는

엄.마.일.루.와.봐.

무서웠다. 특히 혼자 애 키우는 게 너무 힘들고 외로워 잠시 빠졌던

'건너와 모임'에서 막 밥 시켜서 먹으려고 하는데

저쪽 방에서 그 소리가 들려오면

정말 십이지장에서부터 뜨거운 것이 치받아 올라왔다.

'니가 와라, 이논아…'

그런데 돌이켜보니 그 시간들 때문에 지금의 하은이가 있는 걸 어떡해.

"에효, 전 언니처럼 부지런하지도 못하고, 손재주도 없고,

재밌게 놀아주지도 못해서 괜히 언니 따라하다가 애 망칠 거 같아 겁나여."

누가 부지런한데?

손재주 부리다가 피곤해서 애 처잡아 울다 잠들게 했다고 말 안 했어?

그네 타는 하은이 앞에서 밀어주던 퀭한 내 얼굴을 니가 봤어야 돼.

재미나게 놀아주기는 정말 3분을 채 못 넘기는 거 알잖아.

4분 넘어가면 그만 좀 하자는 말 안 나오든?

다만 나는 놀아주기 학원, 수업, 센터, 홈스쿨로 중요한 애미의 과업을

떠넘기지 않은 거, 그거 하나였다구.

전문가의 손길이 꼭 필요해서 보내는 거라구?

안 보내면 안 부르면 내 자식만 뒤떨어질 거 같아서? 웃기고들 있네~

놀아주기 싫으니까 귀찮으니까 힘드니까 그런 거 모르는 줄 알아?

귀신을 속여…

저 중에 너무 어렵고 기술을 요해서

전문가의 디테일한 손길이 필요한 것들이 하나라도 있는가 말이다.

이젠 책 읽어주기 프로그램까지 좋다고들 부르고 앉았으니…

이 세상에 애쓰지 않고 얻어지는 건 '나이'밖에 없다.

엄마는 선생님이 될 필요도, 매니저가 될 필요도 없다.

아니, 되어서도 안 된다.

그냥 눈 맞추며 뭔가를 같이 해주면 되고

같이 책 보고, 그림 그리고, 종이 접어주고, 쎄쎄쎄 하고, 이야기 나누고,

등 긁어주고, 재밌는 영어 DVD 같이 보고 깔깔대다가

김 싸서 깍두기에 끼니 대충 때우고, 초저녁에 놀이터 끌려나가

시소 고문, 미끄럼 고문 좀 당해주면 되는 거다.

그렇게 쉽고 별거 아닌데 뭐가 그리 힘들다고 징징대며 버텼을꼬.

제발 일루 오랄 때 글루 가주고, 놀아달랄 때 실컷 놀아주고,

또 읽어달랄 때 또 읽어주고, 나가잘 때 나가주자.

다시
돌아간다면

누가 나에게 말해줬다면 난 애 안 낳았을 거다.

육아라는 게 이렇게 힘들고 고통스럽다는 걸

누구 한 사람 지나가는 얘기로라도 말해줬었더라면

그렇게 돈 퍼부어 시험관 시술받고,

온갖 민간요법에 한약까지 지어 먹어가며

낳고 싶어 난리 블루스를 추지 않았을 거다.

남들도 다 키우니까 나도 낳고 나면 그냥 크는 줄 알았다.

버뜨! 애가 왜 그렇게 2시간마다 깨서 우는지,

안 자려고 안간힘을 쓰면서 밤새도록 놀려고 하는지,

먹는 건 또 오지게 안 먹고 입에 물고 다니며 개난리를 피우는지 정말 상상조차 못 했었다.

앞에서 치우면 뒤따라 다니면서 어지르고

하루 종일 물장난하고 소꿉놀이하고

그것도 모자라 애미도 참여하라고 좀비처럼 매달리고…

대체 애랑 어떻게 놀아주는 건지

누가 말을 해주고 낳으라고 했어야 되는 거 아니야?

애랑 놀아주는 게 대학 전공 필수 과목보다 어렵다는 사실을

왜 아무도 알려주지 않았는지 이 사회가 원망스럽고,

알 수 없는 분노가 치밀었다.

'나가 놀아요~병'에 걸렸던 시즌에는

홍은동개, 대방동개를 거쳐 신길동개에

이르기까지 허구한 날 동네개로

놀이터 죽순이의 사명을 다해주고

이게 아들인지 딸인지 얼굴을 가리면 알 수가 없는 에너자이저니

늙은 애미, 피곤 엄마는 도무지 감당을 못하겠는 거라.

어떻게든 집안에서 놀아보게 하려고 방문짝에 전지도 붙여주고,

시월드 밥녀 시절, 음식 재료도 쥐여줘 보고,

설거지로 강제노역도 시켜보고, 물티슈 쥐어주고 방도 닦여보고,

몸이 피곤하면 밤에 좀 잘 자겠지… 욕심을 불태우지만

그런 날은 에너지가 뻗쳐서 더 안 잤다. =_=;;

그런 부족한 하루하루가 실처럼 엮어져 지금의 하은이가 됐다.

2.5등신 뚱띠 아가의 변태 과정도 두 눈으로 목격했고,

4살 말부터 어린이집 다닌다고 지 몸뚱이보다 큰 가방 짊어지고

마냥 신나 하던 모습도 지켜봤다.

지 친구들 다 프뢰베르베르 고급 가베수업 받을 때

하은이는 동네 보육사에서 산 2만원 짜리 짝퉁 가베로 신나게 놀았고,

최상의 문화생활은 5000원짜리 아울렛 7층 연극 관람이었다.

없어서가 아니라, 그냥 난 다 쓴 딱풀통 하나만으로도 하루 종일 갖고 노는

미친 두뇌 활동기의 아가 하은이에게

어떠한 수업도, 교재도 아무런 의미가 없는 사치로만 느껴졌다.

얻어다 입히고, 장난감 업어다 놀리고, 중고책 사주고,

가까운 놀이터와 공원 체험활동이

그 시기 하은이에게 이 늙은 애미가 해줄 수 있는 최고의 엄마표였다.

다시 하은이 아가 시절로 돌아간다면(물론 절대 안 돌아갈 겁니다만 ˉｰˉ;;)

좋은 책 더 저렴하게 사겠다고 중고시장 맨날 뒤지며

컴퓨터에 앉아 허구한 날 등짝만 보이지 않을 거고,

나 외로워 만난 동네엄마들 마실에 녀석 끌고 다니며

왜 친구한테 양보 안 하냐, 왜 사이좋게 못 노냐고 애 잡지 않을 거다.

정말 더 많이 안아주고 뽀뽀해주고 쎄쎄쎄 해주고

걸레질만 하면 등짝에 폴짝 매달려 이럇~ 하는 녀석

절대 뜯어 내리지 않을 거다.

졸린 눈 까뒤집어가며 '또 읽어줘~ 움마~' 하며 책 들이대던 녀석

대체 애랑 어떻게 놀아주는 건지

누가 말을 해주고 낳으라고 했어야 되는 거 아니야?

애랑 놀아주는 게 대학 전공 필수 과목보다 어렵다는 사실을

왜 아무도 알려주지 않았는지

이 사회가 원망스럽고, 알 수 없는 분노가 치밀었다.

"너 자기 싫어서 자꾸 가져오는 거지?" 하고

눈 부라리며 억지로 재우지 않을 거다.

키 크느라 다리 아파~ 다리 아파~ 울던 녀석 잠들 때까지 주물러줄걸…

지금은 없어진 다시는 볼 수 없는

켜켜이 접혔던 뚱띠 하은이의 허벅지 주름 한번 더 만져볼걸…

만지기만 하면 톡~ 터질 것 같은 포동포동한 볼살

한 번 더 쓰다듬어줄걸…

비엔나 소시지 같던 녀석의 짧고 굵은 손가락에 깍지 한번 더 껴볼걸…

너무너무 그리워서 눈물이 난다.

글을 쓰다 생각해보니 누가 나에게 말해주지 않은 게 고맙네.

그냥 녀석이 내 곁에 있는 것만으로도 이렇게 감사하니…

넌
그러지 마

재수 더럽게 읊겠지만, 난 책으로 키운 덕분에 그래도 육아가 좀 쉬웠다.

초반 까꿍이 때 시동 걸어줄 때만 좀 견디고 나면

놀아주기보다 100배는 쉬운 게 책 읽어주기고,

동네 마실 다니고 나들이 다니는 거보다 1000배는 편한 게 책 읽어주기다.

돈도 제일 적게 든다.

애는 너무 예의가 발라서 탈이고, 외동인데도 배려가 몸에 배어 있고,

친구들 사이에서도 꽤 사귀고 싶은 인기녀고,

다독을 하고 입학했으니 학교 공부도 문제 없었다.

영어는 네이티브 스피커 발음에 〈해리 포터〉나 〈A to Z 미스터리〉 같은

챕터북들 툭 던져주고 읽어달라고 하면 까짓것 뭐 하고 좔좔좔 읽는다.

물론 애미는 못 알아듣는 그 글자만 시커면 책이 재밌다며

빠져드는데 미쳐겠는거쥐. 난…

욕하고 싶으면 해. 비기 싫은 거 알아! 그런데 사실인 걸 우째.

이렇게 편하고 재미나게 가는 육아법이 없는데…

힘든 거라면, 까꿍이 아가 시절 똑같은 책 50번씩 반복해서

읽어달라는 통에 정신착란 증세 겪을 뻔한 거…

새벽 2~3시까지 읽어주느라 윗입술, 아랫입술 쫌 터진 거…

졸음 참느라 맥쓸 커피 두 봉 제일 큰 머그잔에 가득 타

장희빈 사약 마시듯 꿀럭~ 꿀럭~ 마셔대며

〈차일드 애플〉 읽어줘야 하는 거…

책 들일 때마다 지랄하는 써클놈과 시월드 눈총 쫌 받은 거…

놀러올 때마다 눈 희번덕거리며 지금도 이리 사주면 중학교 때는

도서관 짓겠다며 비아냥거리는 동네 아지매들 손가락질 쫌 받은 거…

요 정도? 쫌 외롭고 쫌 힘들고 쫌 답답한,

미친 듯이 바쁘지만 순간순간 따분한 일상.

당장 드러나는 아웃풋이 없으니 상대의 공격에 대항할 말도 없고,

쓰고 보니 힘든 거 많네?

그런데 '쫌'이란 단어를 굳이 쓰는 이유는

그 순간은 가슴이 오그라들 정도로 힘들고 고통스럽지만,

앞으로 아이의 기나긴 인생을 놓고 볼 때

초반 2~3년의 고통은 사실

개코딱지만 한 추억거리에 불과하기 때문이다.

그때는 죽을 것만 같더니 지나고 보니 그 짧디짧은 순간의 요구들

참 별거 아니고 내 몸 상할 일도 돈 들 일도 머리 쓸 일도 아니었다.

쏘쿨~하게 해주고 실컷 해주고 꺅꺅거리는 모습 실컷 즐길걸…

도리어 후회가 한 트럭이다.

〈오알티〉의 매직키가 내 손에도 들어온다면

다시 돌아가 녀석의 귀여움, 사랑스러움 제대로 느끼며 키워보고 싶다.

농담 아니다. 지금 네 옆에 있는 어린 아가는

지금의 그 볼살, 어눌한 말투, 맨날 꽈당꽈당 넘어지는

엉거주춤한 행동들 다시는 보여주지 않는다.

지리한 일상 중에 보이는 그 표정들이

얼마나 귀하고 사랑스러운 선물이었는데…

그것만 느끼며 키우기에도 시간이 짧은데…

나처럼 허구한 날, 잠든 애 얼굴 쓰다듬으며

가슴팍 쥐어뜯지 않으려면 천천히 천천히 가자.

이끼가 자라는 소리를 들으며 살듯

내 아이 속눈썹 길어지는 소리를 듣고,

까만 머리카락이 길어지는 소리를 듣자.

인생 길다. 조급해하지 않아도 돼.

괜찮아… 괜찮아…

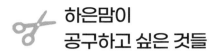

하은맘이
공구하고 싶은 것들

1위 | 몸에 전혀 해롭지 않은 '수면제' (아기용)

내 앞에서 '잠'의 'ㅈ'자도 꺼내지 마시라!

애새끼 재우다가 죽었다는 기사 낼 뻔했던 1인.

등어리에 달린 강력센서로 바닥에 등이 닿는 순간

우엥~ 처울며 다시 지를 들어 올리라고 발광을 해대던 녀석을

난 도무지 이해할 수가 없었다. 내 상식과 인내심으로는.

3개월부터 썼던 '슬링'을 왼쪽 어깨에서 내려본 순간이

그리 많지 않을 정도로 정말 많이 안아주고 업어주고 얼러줬다.

그래도 안 잤다.

잠이 안 오면 놀든가.

괴성을 질러대며 울던 그 시절,

내가 모지란 애민갑네, 내가 뭔가 크게 잘못하고 있다는 죄책감 때문에

몸이 힘든 것보다 마음이 더 미칠 것 같았다.

손끝 모세혈관까지 빨딱 서는 예민함에 이르러

애보다 5배가량 징징거리다 간신히 녀석을 재우고 나면

갑자기 밀려오는 그 허망함이란…

이젠 머리만 닿으면 0.1초도 안되서 유체이탈해 버리는 녀석을 보니

안 자면 안 자는 대로, 징징대면 징징대는 대로

그냥 오야~ 오야~ 해주면 될 것을

그게 머 그리 힘들다고… 그냥 기다리면 될 거였는데…

그래도 난 어쩌다 보는 엠뷔씨 뉴우스 한 자락에서

신약 개발이 눈앞에 당도했다는 보도를 접할 때면

혹시나~ 행여나~ 해본다. ˉ_ˉ;

2위 | 죽지 않을 정도의 고통을 주는 '소리 안 나는 총' (남편용)

하은 선수의 인생을 거슬러 올라가 가장 고가 교구였던 '조이매스'로

자기 주도 교구활동에 힘쓰던 순간에도

미친 리모컨질 일삼으며 수십 개의 TV 채널을 돌려쌌다가

결국 '레드썬!' 해버리시는 남편노무자슥의 뒤통수를 볼 때면

아~ 쓰바~ 신성한 주일만 아니었다면

소싯적 '솔아 솔아 푸르른 솔아~' 부르며 운동단체에 잠시 몸담았던

그 기개와 팔 힘을 발휘하여 야구창 한 대 대차게 날려주고 싶었다.

동정녀 마리아처럼 성령으로 잉태하사 나 홀로 출산한 것도 아닐진대

왜 나만 하루 왼~종일도 모자라 밤에도 주말에도

24시간 무임금 고노동 육아노무에 뼈를 갈아야 하냐 이 말이다.

OCN을 시청하는 열정과 ESPN에 투하하시는 그 몰입으로

지가 낳은 딸내미랑 좀 제대로 놀아주지

왜 그는 트랜스포머처럼 퇴근과 동시에 소파와 합체하여 잠드시는가!

귀신은 뭐 하는가!

3위 | 개발광 시 즉시 제지할 수 있는 '에너지 방전 알약'(아기용)

튼실한 미쉐린 허벅지에서 생성되는 초강력 울트라 마하 에너지로

왼~종일 집안을 온통 쑥대밭으로 만들어 놓고,

여기저기 흘리고 쏟고 넘어뜨리고 망가뜨리고

그것도 모자라 애미 몸뚱이를 이럇~ 하고 말 삼아 타고 다닐 때면

정말 땅으로 꺼지고 싶었다. 하늘로 솟아버리든가.

난 '딸기가 좋아'가 정말 싫다.

실내놀이터는 나에겐 '유령의 집'보다 공포스럽다.

울 동네 용궁탕에서는 시끄럽다고 둘이 같이 발가벗고 쫓겨날 뻔한 적도

여러 번 있었다.

왜 하나님은 나처럼 저질체력 애미에게

이런 말도 안 되는 에너지 만땅 애를 주신 걸까?

왜 20대 내내 안 주시고 서른 넘어 늙어빠진 애미한테 떡~허니

맡기신 걸까?

예배 시간마다 옆 신도에게 중보기도를 부탁하고 싶었다.

뭘 먹이면 좀 잦아들까요? 좀 얌전해질까요?

이 아이가 학교에서는 퇴학당하지 않고 잘 버틸 수 있을까요?

4위 | 아무리 퍼마셔도 살찌거나 칼슘이 빠져나가지 않는 '맥씀 커피' (애미용)

밤 10시부터 시작되는 공포의 '책 읽어줘 모드'.

낮 동안 식모살이로 만신창이가 된 몸뚱이로 버틸 대로 버티다가

졸음이 두 눈땡이를 삼켜버리는 찰나가 되면

같은 줄을 읽고 또 읽고 또 읽는다.

내가 책을 읽는지 책이 날 읽는지

"옴마~ 눈 떠! 눈 뜨고 하느니 책 읽어죠~!"

영겁의 시간이 흘렀을까.

"엄마~ 엄마~" 소리에 화들짝 정신을

차리고 보면 녀석이 커피를 타들고 와있다.

찬물에…

녀석은 커피가 엄마의 약이라 생각하며 컸다.

엄마가 졸려 해도 짜증나 해도 힘들어 해도 피곤해 해도

"엄마~ 하으니가 사랑커피 타다 줄까?"라고 했다.

덕분에 마치 챔피언 벨트를 찬 듯한 뱃살과

유이와는 사뭇 다른 느낌의 꿀벅지를 소유하게 되었다.

커피 마시면 칼슘이 죄다 빠져서 골다공증으로 말년에

개고생한다고 하지만 못 끊겠는 걸 어째…

참, 하은이표 사랑커피란?

고사리 같은 지 손으로 머그컵 꺼내서 커피믹스 가위로 잘라

컵에 담고 물 붓고 손으로 하트를 만든다.

하트를 1개 담고 2개, 3개, 4개…10개 정도 담고 나서

젓가락 가져와 휘휘~ 젓는다. 일명 '하은이표 사랑커피.'

"엄마, 하은이가 사랑 몇 번 넣는지 알아?"

"아니, 몇 번 넣었는데?"

"맞춰봐~"

"글쎄…"

"서른 번 넣었어. 엄마, 호호 불었으니까 바로 마셔두 돼!"

"응, 알았어. 엄마 마시구 정신 차릴게."

그렇게 하루하루를 버텼다.

사랑커피는 하은이와 나만이 아는 우리만의 비밀 코드이자 암호다.

하은이는 내가 소파에 누워있거나 침대에서 정신을 못 차리고 있으면

사랑커피를 타온다.

하은이가 아는 커피는 늙은 엄마에겐 감기약이고 피로회복제이고
짜증 억제제다.

5위 | 감기약처럼 쉽게 처방받을 수 있는 '항우울증 치료제' (애미용)

사람은 '떡'이 될 수 있다는 사실을 애새끼를 키우면서 알게 된 1인으로서,
피곤에 쩐 일상이 무한반복되다 보면
우울증이 수시로 찾아올 수 있다는 사실을 깨달은 1인으로서,
대웅제약이든 한메약품이든 일똥제약이든
제약회사 연구원들 바지끄댕이라도 붙잡고 애원하고 싶었다.
'저 여편네, 우울증 약 먹는데~'라는 소리 듣지 않고
떳떳하게 맘껏 먹을 수 있는 게보린 버금가는
우울증 치료제 좀 개발해달라구.
선진국들처럼 우리나라도 우울증에 걸리면 감기약 처방받듯
자연스런 분위기가 조성되기를 목 놓아 기다렸었다.
또다시 우울모드에 빠져들기 너무 싫어
동네 마실 모임 일원으로 활동을 해봐도 돈 처쓰고 쓸데없는 얘기 처듣고
애 처잡다 내가 미친논이지~로 마감을 하니… 원!

6위 | 끓어오르는 승질머리를 잠재울 수 있는 '직빵 승질 억제제' (애미용)

나름 우리말 고운말 편찬 위원으로 활동해도 남부끄럽지 않을 정도로

바른 생활녀였던 김 여사.

애 키우다 보니, 승질머리가 총알택시 기사 뺨 깐다.

승질 한번 뻗치면 테레사 수녀에서 조폭 행동대장으로 변신하는 데

단 1초도 걸리지 않는다. 걸리면 뒤진다.

그런데 항상 걸린다. 녀석이…

먼 훗날 하은이가 지 애미의 숨겨진 실상을 낱낱이 폭로하면

난 10년 징역 아니면 종신형일 게다. 흑흑…

도덕시간에 휴지 줍고 인사하는 걸 가르칠 게 아니라

지 자식 족치지 않는 법, 악쓰지 않고 자신을 제어하는 법 등을

가르쳐야 한다.

그런데 돌이켜 보면

육아가 힘든 건 방법을 몰라서 힘들다거나

기술이 부족해서 헤매는 것이 아니라

애미의 '마음 조절과 감정 억제'가 안돼서였다.

책에서 본 대로 마음으로는 '구나 구나 구나~'를 해야 되는 거 아는데

피로와 등짝을 내리누르는 일거리들과

내 자식만 처질지 모른다는 불안함과

애미 잘못 만나 애가 망가져가고 있다는 두려움이 서로 짬뽕되어

내 감정의 하수구인 녀석에게 자꾸 툭하면 쏟아버렸던 것 같다.

그러면 안되는 건데…

'청결'을 조금만 포기하면,

'철저한 생활습관'을 조금만 내려놓으면,

'기본, 단계, 남의 시선'이런 말을 잊어버리고 내려만 놓으면,

녀석을 붙들고 악을 쓸 일도 자근자근 씹을 일도

불안과 공포가 뒤엉킨 시선으로

녀석을 두려움에 떨게 할 일도 없었을 텐데…

힘든 걸 빨리 인정하고, 어서 내려놓는 놈이 승리한다.

육아라는 이 세계는!

이 땅에서
직장맘으로 산다는 것

누구는 부러워할 수도 있을 테고, 멋지다 할 수도 있을 테지.

회사에서 해마다 해외로 여행도 보내주고 잘나가는 FC라 하니…

허나 부엌데기, 식모살이, 11년 시월드 살이의 험난하고 고달팠던

내 과거사를 들으면 아무도 부럽다 말 못 할 거다.

그렇게 늙어 죽을 것만 같던 전업주부 시절에는

나 또한 직장맘이 몸서리치게 부러웠었으니까.

한때는 나도 잘나가던 커리어우먼이었는데…

해외로 출장도 다니고, 통장에 따박따박 적지 않은 월급도 찍혔었다.

빡씨게 일하고서 남자동료, 여자동료 할 것 없이

술 한잔에 인생도 이야기하며 일의 고충도 날려버리던 그런 여자였다.

그런데 애 때문에 남편 때문에 내 인생이 이렇게 시들어가는 거 같고,

머리 처박고 애쓰고 지지고 볶고 지랄발광을 하며 육아에, 살림에,

뼈 마디 마디가 닳아가며 회사에서보다 훨씬 열심히 일하는데,

난 그냥 아.줌.마.였다. 하은이 엄마고.

예전에 같이 일했던 직장동료랑 우연히 통화하다가

"요즘 뭐해?"라고 물으면 입이 굳었다.

"놀아. 집에서…"라고는 죽어도 얘기하고 싶지 않은데 할 말이 없다.

"애 열심히 키워…" 말끝이 흐릿해진다.

그렇게 6년 전업주부로 있다가 하은이 5세 때 어린이집 보내면서

애들 가르치는 일을 사부작사부작 시작했다.

그러다가 어느 날 갑자기 하은이 7살에 FC가 되는 만행을 저질렀다.

예쁜 정장 입고, 멋진 가방 들고, 또각또각 앞코 뾰족한 신상 구두 신고,

만지면 미끄러워 자빠질 것만 같은 실크 스카프 처감고 상담을 다녔다.

보.기.는. 좋았다.

하지만 몇천 배에 해당하는 값 지불이 이어졌다.

쉰 새벽마다 자는 애 흔들어 깨워

옷도 제대로 못 입히고 담요 둘둘 씌워 업고 나올 때,

그 어깨 너머로 갓 초딩이 된 딸내미의 흐느끼는 울음소리가

얼마나 크게 들리는지 상상이 가는가.

"엄마 언제 와? 어딘데? 왜 맨날 늦어? 엄마는 거짓말쟁이야.

일찍 들어온다고 해놓고 맨날 10시야.

으앙~ 어제 엄마한테 물어볼 숙제 있었는데 못했어.

할아버지도 모르신대. 으앙~ 난 몰라~."

지도 나도 눈물에 떡이 돼서는 핸드폰 너머로

애 달래가며 물어봐가며 한 자 한 자 불러 적게 하던

그 미치도록 미안하고 불안하고 당황스러운 공황상태를

경험해본 적 있는가?

"어우~ 적당히 좀 해요. 언니, 돈 좀 적게 벌면 어때?

쉬엄쉬엄 좀 하지. 하은이랑 좀 같이 있어줘. 애 아직 어린데…."

차라리 내 가슴팍에 총을 쏘지.

그런 말 들을 때마다 가슴에 피멍이 들었다.

거리 애매한 학교 등교시키느라

쎄 빠지게 애 실어다 날랐던 늙으신 울 아부지,

행여 지각시킬까 봐 서둘러 밥 차려 먹이느라

예민함을 온몸으로 발산했던 울 엄마.

초반 그 시절 하은이와 부모님의 희생 덕분에 자리 잡은 지금의 여유가

얼마나 달콤하고 귀한지 아무도 모른다.

열나게 일하다가 집에 돌아와 "하은아" 하고 뒤돌아보면

다 커버린 여자애가 있다.

어이가 탈출한다. 너 언제 이렇게 커버린 거니?

한창 이쁠 때가 7~8살인데 기억이 안 나.

몇 반이었는지, 여자 쌤이었는지, 남자 쌤이었는지…

엄마 어떡하니… 미안해서…

그래도 활짝 웃을 땐 여전히 4살 아가 같기도 한 너.

그만 좀 크지. 맨날 방문 옆에서 키 재달래서 1cm라도 크면

완전 좋아하면서 네임펜으로 적어놓고 행복해했었는데…

해준 것도 없는데 훌쩍 커버리는 네가 아까운

엄마 맘은 택도 몰라주고…

에효…

이 땅에서
초딩애미로 산다는 것

유치원에서 형님반으로 올라가는 것만도 마음이 싱숭생숭 거시기한데,

어느 날, 초등 입학통지서를 손에 쥔 애미들은

그야말로 안드로메다행이다.

애들은 아무 생각도 없는데, 애미들만 괜히 널뛰기를 한다.

초등학교 입학한다고 내 자식 왕따가 되지도, 죽지도 않는다.

말하자면 '책육아'를 꾸준히 해온 애미들은

여전히 다리 쭉~ 뻗고들 주무시는 거고,

그렇지 않은 애미들은 두 다리 후달달 떨며

그간 자신이 해온 육아 행태에 대해 알 수 없는 자책과 찝찝함에

몸서리치며 나날이 돌출해가는 내 자식의 부족함에

오금이 저려오고들 있을 테다.

학원 순례를 어느 코스로 진행할 것인지 고민하고,

옆집 엄마한테 자문 구하러 다니느라 정신도 없을 테다.

또 니 자식이 모지라네, 아니 내 자식이 더 모지라네 하며

모지란 내 자식 니 자식을 초스피드로 업그레이드시킬 팀 짜겠다고

삼삼오오 반상회를 주최할 것이다.

발 빠른 애미들은 입학통지서를 손에 쥔 순간부터,

노멀한 애미들은 3월 초 학교 앞 언저리에서 커피 마시면서

8시 반부터 애 수업 끝날 때까지 허구한 날!

3~4월 국내 커피 소비량이 치솟는 건 다들 초딩맘들의 은공일 거다.

난 삼성 SDI 부장직도 눈물을 머금고 그만둔다는

'내 자식 7세 후반'에 풀타임 직장맘이 됐다.

그것도 호러블스럽게 바쁘고 빡센 직업

생명보험사 FC.

딸자식 잘 가르쳐 놨더니 영업 뛰러 다닌다고 당황 호적 파가라시던

울 아부지, 어무니.

지금은 물론 그때 호적 안 파가고 매달 25일 통장에

애 봐주시는 명목으로 드리는 나름 적지 않은 용돈 철푸덕 꽂아주는

큰 딸내미를 표현은 못 하시지만 아주 많이 아끼고 사랑해주신다.

친구들은 다 미쳤다 그랬다.

초딩 된 자식 뒤꽁무니 쫓아다니기도 하루해가 짧은데

너 뭐하는 짓이냐며, 게다가 지한테 보험까지 팔러 올까 봐
다들 두려움에 온몸을 부르르 떨어댔다.

호적 파버릴까 봐 가족, 친지들 못 찾아가고,
절교하자고 할까 봐 친구들, 동네엄마들 못 찾아가고
초기 맨땅에 헤딩하느라 까진 이마에 굳은살이
누네띠네처럼 켜켜이 쌓여갔다.

무엇보다 귀하게 얻은 외동 딸내미를 쉰 새벽에 5분 거리 친정에 맡기고
출근하느라 머리 한번 제대로 못 묶어주고,
옷 한번 제대로 못 챙겨 입혀 보내고, 준비물이 뭔지도 모르고,
숙제와 알림장에 맨날 싸인 빠뜨려 애 눈물 바람으로 등교시키고. 에효~
정말 초딩엄마라는 딱지 붙이기조차 낯부끄러운 부족한 애미였다.

할아버지가 묶어주는 머리가 도저히 감당이 안 돼서
그해 여름에 녀석이랑 상의도 없이
미용실 데리고 가 그 긴 머리를 싹뚝 단발로 잘라줬는데
그게 상처가 됐는지 이틀간 나랑 말을 안 했다.

글로 적자면 태백산맥 뺨 까는 초장편 스펙터클 대하사극이 되고도 남을
녀석과 나의 초딩 입문기. 후~

그래도 퇴학당하지 않고 제법 잘 적응하며
신길초 인기녀로 잘 지낼 수 있었던 건
정말 2500% 책으로 다져진 녀석의 내공 덕이었다.

또래를 알고 또 그 문화에 빠져들면서 누구보다 많이 놀고,

연예인과 유행, 취미활동에 빠져드는 따악~ 노멀한 초딩 여아였지만,

책과 학교생활과 놀이와 친구가 버무려진 자신의 삶을

나름 포물선 그리듯 유유히 파도를 타듯

제법 잘 조절해나가는 녀석의 모습을 볼 때

난 그냥 감동과 고마움의 눈빛 뒤편으로 미안함은 살짝 숨겨둔다.

초등학교 입학 후에도 사교육 시작할 필요 전혀 없다.

학교에서 제일 가까운 피아노나 태권도 학원 한 군데, 땡!

영어학원은 동네 쥐새끼들까지도 죄다 보낸다지만 절대 보내지 마라.

'니 영어 제발 좀 학을 떼고 싫어하라'고 보내는 곳이 영어학원이니까.

애가 원한다고 등록해주는 학교 방과 후 수업도 결국 사교육이다.

책 읽을 시간만 몽땅 뺏어간다.

"저는 학원 안 보내고 방문선생님이 일주일에 몇 번 오시는데요."

"별로 시간 안 뺏겨여." 지랄을 헌다.

"그럼 학습지라도… 국어, 수학은 시켜야 애 낙오되지 않을 텐데요."

그래 보시든가. 퇴학은 안 당해도 사춘기 도래하면 집은 나갈 테니…

그리고 울 애는 학교 도서관에서

1~2시간씩 책 읽고 온다고

또 안심 스테이크 썰고 계시지.

삐까번쩍하게 리모델링해놓은

학교도서관 함 가보셨는가?

죄다 학습만화만 끼고들 앉았다.

글밥 책 다독이 안 되어 있는 아이들에게

만화책 중독은 독인데,

워떤가? 이래도 책 안 사도 애가 도서관 다니니

돈 굳었다고 입가에 미소가 번져지는가~ 들~!

애 3살만 지나면 육아의 달인으로 빙의돼서

이말이 그말이고 그말이 요말 같은 육아서들 발로 쭉~ 밀쳐두고

주말에 못다 본 드라마 돌려 보고들 계시는가!

초딩 입학이 내일모레일수록 고학년 진급이 눈앞일수록

애미는 육아서를 다시 잡아야 한다.

TV를 끄고, 커피 마시러 건너오라는 동네맘들을 매몰차게 떨쳐내고,

먼지 쌓인 독서대에 〈엄마수업〉〈당신의 아이는 원래 천재다〉

〈부모잠언〉을 올리고 좌락좌락 줄을 쳐대야 한다.

도적처럼 찾아온 내 자식의 초등 입학, 좀비처럼 등 뒤에 온 고학년 진급.

내 자식이 조금이라도 뒤처질까, 애들이 따돌릴까,

담임선생님 눈 밖에 날까,

단원평가 빵점 맞을까 걱정돼서 잠이 안 온다면

당장 학원, 수업, 센터 끊고, 방문 선생님을 내치고, 학습지를 버려라!

무조건 책을 사라.

외식할 돈, 마트에 처바칠 돈, 아줌마들이랑 점심 사 먹을 돈 아껴

책을 사야 한다.

초딩이라 한 번씩밖에 안 보는데 전집 들이는 거 아까운데~

씨불일 시간에 얼른 책을 들여야 한다.

이 세상에 제일 아깝지 않은 돈이 책 사는 돈이다.

결국 보게 되고 반복하게 되고 생각이 바뀌고 두뇌가 바뀌게 되어 있다.

책으로 인해… 그 책들로 인해…

옆집 애미들이랑 학원 정보 나눌 시간에

수건 깔고 책장을 거실로 옮겨야 한다.

내 자식이 책을 보게만 할 수 있다면

뭣짓이든 하겠다는 각오로 댐벼들라!

남들이 다 가는 길은 쉽다. 외롭지도 않다.

허나 남이 가지 않는 가시밭길 넘어지고 엎어지며 가다 보면

오랜 시간이 흘러간 어느 날,

책과 함께 꿈을 꾸고 생각하는 그러면서 마냥 행복해하는

'작은 어른'이 내 집에 있다.

할아버지께 쓴 생일카드

하은이 7살 때 애미가 바쁜 직장맘이 되면서 본인의 의사와는

전혀 상관없이 가까운 친정 할아부지댁에

쉰 새벽부터 밤까지 맡겨지게 된 하은이.

누구는 그런다.

"에이~ 그래두 그렇게 가까이 애 봐주시는 친정 부모님 계시니까

그렇게 맘 편하게 일을 하시죠.

부모님이 다 챙겨주시고 예뻐해 주시고 온갖 귀여움 독차지하며 크니까

하은이가 그렇게 밝은 거 아니겠어요?

전 정말 맡길 곳도 해주실 분도 읍써여." 아이구 아부지~!

가까이서 애 봐주시는 거만으로 천운 받은 거라는 알아, 나두.

근데 이렇게 되기까지 얼마나 많은 핍박과 고난, 눈물과 다툼이

녀석과 내 삶을 들쑤시며 지나왔는지 말 안 하면 아무도 모른다.

안 봐주시겠다는 두 분께 울고불고 머리 조아려 겨우 맡길 수 있었고,

책 읽어주시기는커녕 숙제, 준비물도 지가 스스로 챙겨야 했고,

연세 들어 미각을 잃어버리신 할머니의 국 하나, 단일 반찬에

입맛을 억지로 맞추기까지 녀석도 군대 내무반 형들과 별반 다르지 않았다.

사랑과 배려? 당신들이 해보신 적이 있으셔야 손녀한테 그게 나오지.

평생을 뼈가 닳도록 일만 해서 자식 3남매 대학 공부시키시느라

뭔 정신이 있으셨겠어.

대대로 받아본 적도, 해본 적도 없는 사랑, 배려, 공감, 경청.

그게 불시에 맡겨진 독불장군 같은 손녀에게 갑자기 나오겠냐구.

1절에서 조분조분 제압이 안 되면,

바로 큰소리가 쏟아져 나와 버리시는 할머니의

아이유를 뻥 까는 3단 악~ 고음!

무법자 시기 하은이의 짜증에 신경이 거슬리고 뒤틀리신 날은

얼음장같이 전화통에 뇌까리시는 할아부지의

"애 데려가라! 나 못 보겠다! 애가 승질머리가 이게 뭐냐!

낼부터 애 봐주는 아줌마를 알아보든 니 알아서 해라!"

하루 24시간 TV가 틀어져 있지 않으면 꽥~ 돌아가시는 두 분.

TV 잠시라도 끄게 하려고 정말 안 해본 짓이 없다.

현명하게 대처하지 못한 애미와 할아부지, 할머니 사이에서

애만 죽어 나갔다.

그동안 내가 해온 어쭙잖은 배려, 공감, 책으로 다져진

안정적인 녀석의 감성이 와르르~ 무너져 버릴 것만 같았고,

상처와 눈치로 아이의 인생이 엉망진창이 되어버릴 것 같았다.

그렇게 그렇게 시간이 지나갔고

그냥 최고의 환경이 아닌 열심히 사는 엄마와 할머니, 할아부지의

뒷모습을 보며 자란 하은 선수는 생각보다 잘 자라주었다.

미운 정 고운 정 있는 대로 다 든 녀석과 할아부지 사이에는

엄마와는 또 다른 찐득하고 끈끈한 의리와 애정이 다져졌고,

'지겨워~쏭'과 '죽겠네~쏭'의 원조이신 할머니랑은

따뜻한 농담 따먹기 하는 친구 사이가 되었다.

삶은 바쁘고 고단해도 애는 잘 큰다.

미친 듯이 바쁜 엄마와 그닥 살갑지 않은 할머니, 할아부지.

지가 스스로 하지 않으면 아무것도 안 되는 초딩 생활.

옷 하나, 머리 하나 지 스스로 챙겨 입지 않으면 안 되는 바쁜 일상.

누군 어린애한테 넘 가혹한 거 아니냐고도 한다.

그래두 엄마의 손이 많이 필요한 땐데…라며 말끝을 흐린다.

그럼 니가 와서 해주시든가요!

육아서에서 본 글귀를 믿은 게 아니라, 난 그냥 녀석을 믿을 수밖에 없었다.

아니면 다른 방법이 없었으니까.

죽기 살기로 믿었고, 죽기 살기로 살아준 하은이는

지금 너무너무 의젓한 언니가 되어부렸다.

작년 연말 할아버지 생신날,

녀석이 카드를 만들었네. 어디 볼까? 어머, 그림도 그렸잖아.

으~~~~~ 말이 안 나왔다. 아무 말도.

눈앞이 시큰하다. 죄~다 미안한 거 죄송한 거 투성이네.

여전히 땡강 부리는 애 같던 녀석이.

못된 애미는 지 자식 살갑게 안 대해주는

지 부모가 못내 서운하기만 했었는데…

편지는커녕 고맙다는 말 몇 번 못했었는데…

표현할 줄 알고 미안해할 줄 알고 고마워할 줄 아는 어른보다 나은 녀석.

독불장군같이 천하를 호령하던 울 아부지가

이거 읽는 내내 눈물을 훔치셨단다.

일일이 옆에서 수발들어주는 애미 없고,

궁디 팡팡해주며 이뻐해 주는 할무니, 할아부지 없지만,

서로 툭탁거리면서도 정이 쌓여간다.

몸은 피곤하지만, 녀석도 자립심이 커져간다.

눈칫밥 먹은 만큼 요령도 늘어가고 능글능글 비비댈 줄도 알아간다.

사람 대하는 법을 알아가고, 훌훌~ 털어버릴 줄도 알고,

먼저 다가가 사과할 줄도 알고, 숙일 줄도 알고,

억울한 건 항변할 줄도 알게 됐다.

엄마, 아부지가 손녀에게 오냐오냐~ 아닌 게 오히려 지금은 감사하다.

덕분에 지금의 하은이가 있으니까.

닌텐도 할 줄 모르지만 장기, 바둑은 부동산 할아부지들이랑 맞짱 뜬다.

미술대회, 과학탐구대회 상 받은 적 한번 없지만,

실리콘 쏘고 드라이버 다루는 거 할아버지 닮아 완전 맥가이순이다.

수학경시 나간 적 읍고, 수학학원 근처 한번 간 적 없지만,

주판알 튕기는 게 예사롭지 않다.

모두 다~ 진창 쌈하며 함께해온 할아부지와의 놀이거리다.

하은이가 제일 많이 하는 말

"괜찮아~ 뭐~~~!"

금방 잊고, 훌훌~ 잘 턴다.

마음에 담아두지 않고, 금세 다른 곳에 몰입한다.

애미랑 양극단에 있다. ㅡ_ㅡ;

진심인데, 난 녀석의 밝은 성격이 제일 부럽다.

훗날 녀석이 스무 살 넘어

나랑 꼼장어 지글지글 구우며 참이슬양 한잔 기울일 때가 되면

"옛날에 그랬지. 그러게 엄마, 나 좀 힘들었었는데

그게 도리어 사는 데 도움이 되더라구" 할 수 있도록,

녀석이 나이 들어도 엄마 찾아와

"나 오늘 그 써글놈이랑 헤어졌어. 기분이 엿 같애.

엄마가 나 술 한잔 사주라" 할 수 있도록,

녀석과 나 사이의 감성의 탯줄이 끊어지지 않게 더 많이 사랑해줄 거다.

녀석한테 잘 보이려구 애써야지, 엄마 더 이뻐해 주게.

사랑한다. 하은아.

엄마가 행복해야
아이도 행복한 거거든

내 나이 마흔둘 5월 어느 날,

몸이 망가지고 있다는 신호탄이 느껴진 건

강의 직후 심한 체기로 죽다 살아나면서였다.

오랜만에 다시 만난 한의학 전공한 이쁜 동생이

손발 마사지로 체기를 풀어

주면서 그동안 엉망진창으로 살아온 나의 삶의 스토리를 쭉 듣더니

"언니~ 미쳤어? 그런 식으로 아무거나 먹고 운동 안 하고

몸 혹사시키면 죽을 수도 있어!

하은이 애미 없는 자식 만들고 싶은 거야?"

눈물이 쏙~빠지도록 혼줄이 났다. 할 말이 없었다.

근 5년을 후진 음식 사 먹고 다니고,

야채 과일은커녕 운동이 뭔가요?

잠도 들쭉날쭉 믹스커피 하루에 5~6잔씩 퍼마시며

외모만 번지르르하게 치장하며 살아왔으니.

쉬이 피곤해지고 처지고 어깨 뭉치고 자주 체하는 게

나이 들어서 그런 거려니 했었는데 내 몸 내가 함부로 굴려서였다.

'자책은 짧게! 다짐은 빠르게! 실행은 즉각적으로!'

모든 걸 바꾸기로 했다.

그날 바로 믹스커피, 분식, 패스트푸드 완전 끊고

물 2리터씩 드링킹, 현미밥과 야채 위주로 식단 교체.

어쩔 수 없는 바깥 점심도 한식으로 확 바꿨다.

운동화 차에 넣고 다니며 짬 날 때마다 걷고

녀석이랑 저녁 같이 해 먹고 나가는 산책이

행복한 우리만의 놀이로 자리 잡았다.

눈 밑 다크서클이 올라붙고 삶이 가벼워지기 시작했다.

족욕 하며 땀 뺐더니 피부도 맨들거린다.

일생 동안 먹은 양보다 더 많은 양의 오이와 상추를 씹어 먹으며

수시로 걸었더니 안 보이던 길가 가로수 잎의 초록 물이

선명하게 눈에 들어온다. 신기하게.

몰라서 못 했던 내 몸, 내 삶 가꾸고 돌보기.

그날의 충격이 아니었다면 여전히 엉망으로 살다가

어느 날 큰 병 얻어 누군가에 큰 짐이 될 수도 있었을 테지.

책 한 권 사 제대로 읽히지 않고 남들 따라 학원으로 학습지로

처돌리면서 애 탓 남 탓 나라 탓만 하며 '요 모양 요 꼴~쏭'으로

하루하루를 보내는 엄마들을 볼 때마다 마음이 탔다.

몰라서 못 하는 건 죄가 아니랬다. 알고 실천하면 되는 거다.

내가 그날의 큰 충격으로 인생이 바뀌었던 것처럼.

내가 하는 일이 이거였다. "너 그렇게 살면 안 된다"고 알려주는 일.

혼란스러운 엄마들에게 정답을 알려주고

불안해하는 엄마들을 진정시켜주고

고민하는 엄마들을 결정하게 해주는 일.

처음부터 이렇게 '쎄진' 않았다. 친절하게 설명해주고 제안해줬었다.

안 한다. 참다 참다 짜증나서 하고 싶은 얘기 지껄였다. 말 듣는다.

두세 가지 제안해도 소용없었다. 딱 한 개만 찍어줬다.

한다. 어랍쑈~!

하긴 그동안 "몸 관리하세요. 운동하세요. 섭식이 중요하니

잘 챙겨드세요."

친절하고 우아한 수많은 조언들 중 단 한 개도

내 인생을 바꾸지 못했었는데

결국 세고 위협적인 한마디에 정신이 번쩍 들고

손발이 움직였으니, 똑같구나.

애 후지게 키우고 싶은 엄마 단 한 명도 없다.

애를 낳고 누구나 미친 듯이 뛴다. 전력을 다해.

헌데 뛰는 방향이 'Go to the 낭떠러지'다.

돈 쓰고 시간 쓰고 애 잡고 내 인생 망가진다.

남들이 뛴다고 목적지도 모른 채

나도 같이 열라 뛰는 바보는 되지 말아야지.

내가 친정인 부산 가려고 탄 기차가 중간에 목포행이라는 걸

알게 됐으면 당장 내려서 갈아타야 한다.

그동안 온 시간과 낸 돈이 아깝고, 갈아타는 게 번거롭다고

연고도 없는 목포로 가고 있는 꼴이다.

첨부터 제대로 탔다면 천운인 거고, 잘못 탔더라도

대가 치르고 과감히 결단 내려 맞는 길로 돌아가야 한다.

늦게 알아챌수록 그 값 지불이 훨씬 더 고통스러울 테지만

결국 해야 한다.

내 아이 인생의 행복이 걸린 문제니까.

대부분의 엄마들이 일반육아의 길을 걷는다.

극히 소수만이 걷고 있는 책육아의 길.

책만 엄청 읽히고 학원 안 보내는 게 책육아인줄 알고 시작했던 길.

책육아 10년을 지나오니 그 책이 '엄마의 책'이라는 것과

책보다도 중요한 게 '엄마의 행복'이라는 걸 온몸으로 느끼며

그 본질을 깨닫게 하고 싶은 열정으로 하루하루를 산다.

내 아이가 잘 크길 바란다면 옆집 아이도 잘 키워야 한다.

그리고 그 아이를 잘 키우려면 그 엄마를 바꾸어야 한다.

난 사실 까꿍이들에겐 별 관심이 없다.

그 엄마들의 행복과 안정이 나의 온 화두다.

그녀들이 바로 서면 그 자식들은 잘못되라고 해도 잘 클 수밖에 없다.

'좋은 엄마'란 그저 '좋은 사람'이다.

그리고 좋은 사람은 좋은 사람을 바로 알아본다. 자석처럼.

책육아라는 길을 쭉 걸어왔을 뿐인데

지금 내 주위에 넘쳐나는 좋은 사람들.

얼마나 행복하고 감사한지 입가에 피식피식 웃음이 새어나온다.

지난 날 "엄마처럼은 살지 마라"는 울 엄마의 그 말이

미치도록 싫었었는데

내가 하은이를 그렇게 키우고 있었다.

하은이 6살 때 삶의 많은 부분을 내려놓고 큰 깨달음을 얻으면서

애 책이 아닌 내 책을 미친 듯이 사 '엄마의 독서'에 빠져들었다.

내가 바뀌기로 하고 좋은 사람이 되기 위해 미친 듯이 노력했다.

그렇게 5년의 시간이 지났다.

지금 옆에서 잠든 녀석 얼굴을 한번 쓰다듬어 본다.

내 눈물과 내려놓음 먹고 자란 이 아이.

그래, 네가 살아갈 세상이니까.

누군가는 해야 할 일이니까.

남들 하지 않는 일, 엄마가 한다.

가보자!

며칠 전 집 근처 새로 생긴 샛강다리를 산책하며

녀석에게 속삭였다.

'엄마처럼만 살렴. 엄마 더 멋져질게. 사랑해, 하은아!'

그러니까,
고맙다고 김선미 씨!

〈불량육아〉를 재출간한다고?

게다가 나한테 글도 한번 써보란다.

그냥 우리가 그동안 경험해온 일들을

간단하게 느낌 가는 대로 쓰면 된단다.

정말 그 일들을 다 쓰라는 건가?

초3 때 놀다가 집중듣기 까먹어서 혼날까 봐

엄마 퇴근 직전 5분 만에 대충 해치웠던 일을?

중1 때 화장이 너무 하고 싶어서 몰래 하고 나가다가

날아오는 슬리퍼에 맞았던 일을? (고무 슬리퍼였다. 아프진 않았다.)
얼마 전에 동아리 언니 · 오빠들이랑 보드게임 카페 갔다가
통금을 무려 2분이나(!) 넘었다며 무지막지하게 혼났던 일을?
숱하게 깨졌던 나의 전자기기들을 다 얘기하란 말인가?
이걸 다 썼다간 엄마는 정말 구속감인데,
수위 조절을 어떻게 해야 한담…

맞다. 누구보다 실컷 놀았고 숙제에 허덕이는 일도 없이
자유롭게 내 세상인 양 살았다.
하지만 엄마의 딸로 크는 거, 결코 순탄치만은 않았다.
단어로 표현하자면 우당탕탕, 우여곡절, 파란만장…?
다른 친구들은 하는데 나만 못하는 일들도 여럿 있었고,
다른 친구들은 겪지 않아도 될 갈등을 엄마와 겪을 때는
정말 다른 집 딸로 살고 싶다는 생각도 했었다.
엄마는 이게 다 너를 위한 거라고, 조금만 크면 이해할 거라고 했지만,
굳이 이렇게까지 해야 하나? 싶은 생각을 숱하게 했었다.
나를 엄마 인생에 볼모로 잡지 말라고 악을 써가며
엄마 가슴에 생채기도 많이 냈었다.
시간이 훌쩍 지나 어느 정도 머리가 크고, 대학생활을 하며

넓은 세상을 접해보니 엄마가 왜 그런 말을 했고,

어떤 맥락에서 그랬는지 이해되는 순간들이 많았다.

흔한 말로 엄마 말 틀린 거 하나 없다더니…

마냥 좋았던 순간들보다도 도리어 부딪히고 다투고 싸우고,

'엄만 왜 내 맘 몰라주냐'며 서럽게 울다 잠들었던 갈등의 순간들이

지금의 날 만들어줬다는 걸 인정할 수밖에 없다.

그리고 어렸을 때 난 엄마의 지독한 껌딱지였는데

엄마가 어딜 가든 항상 엄마 등에, 품에, 허리에 거머리마냥 들러붙

어 있었고 엄마가 어떤 일을 겪든 옆에서 같이 슬퍼하고 기뻐했다.

그랬기 때문일까.

엄마와 난 서로의 감정을 기가 막히게 캐치해낸다.

난 엄마의 표정만 보고도 지금 기분이 어떤지 단번에 알 수 있고

엄마는 나의 미묘한 말투 변화에서도 뭐 때문에 짜증이 났는지까지

바로 안다. 그래서 부딪히는 일이 있어도 금방 풀고

또 사랑해 뽀뽀 쪽~ 하며 헤벌쭉한다. 서로의 감정을 너무 잘 아니까.

좋은 딸, 좋은 엄마의 환상을 깨나가는 전쟁 같은 시간들,

그리고 그 과정에서의 아프고도 괴로운 깨달음들은

서로를 더욱 사랑하게 되는 자양분이 됐다.

내 인생에서 결코 잊을 수 없는 한 장면이 있다.

수능 날 새벽, 도시락을 싸던 엄마의 뒷모습을

아직도 생생히 기억한다.

옷을 겹쳐 입고 차에 타서 수험장으로 향하던

그날의 공기도 선명하다.

보통 가족이었다면 그 차 안은 적막함 그 자체였겠지만,

우리 가족은 위대한 쇼맨 OST를 들으며 마치 소풍이라도 가듯

흥겹게 수험장으로 향했다.

달걀말이, 게살죽, 어묵볶음 등등 내가 좋아하는 음식만

쏙쏙 골라 싸준 도시락을 내 품에 안겨주며 엄마가 했던 말은

"파이팅, 넌 할 수 있어, 힘내"가 아닌

"후딱 해치우고 와. 오늘 저녁에 고기 사줄게"였다.

엄마는 내 어깨에 티끌만 한 부담이라도

얹지 않기 위해 이 한 마디를 며칠 동안 고민했을 거다.

그 짧은 순간에 엄마의 감정이 고스란히 느껴져서

잘 보지 못하면 어쩌나 하는 두려움이 싹 씻겨 내려갔다.

혼자만의 전쟁과도 같던 시험이 끝나고

홀가분하게 수험장을 나와서 제일 처음 마주한 건,

활짝 웃으면서 나를 향해 두 팔 벌려주던 엄마의 얼굴이었다.

그 순간만큼은 결과에 대한 걱정 하나 없이
엄마 품에 안겨서 행복한 눈물을 흘릴 수 있었다.
"우리 딸, 수고했어."
이 짧은 한 마디가 나에게 얼마나 큰 위안이 되었는지,
아무도 모를 거다.
수능 공부를 하며 울고, 웃고, 싸우고, 부둥켜안았던
우리만의 시간들도.

나에게는 세상 가장 든든한 무기가 있다.
어릴 적부터 엄마의 무조건적인 사랑을 온전히 느끼고 자랐기 때문에,
엄마 곁에서 종일 살냄새를 맡고 숨결을 느꼈기 때문에,
여러 힘든 일을 겪고도 정신적 결핍을 느끼지 않을 수 있었다고
나는 믿는다.
사람들은 말한다.
화목한 가정에서 마냥 사랑만 받으며 어려움 전혀 없이 자란 애 같다고.
구김살이라고는 찾아볼 수 없다고.
나름 험난했다고도 할 수 있는 내 삶을 그 누가 알겠는가.
둘이서 지지고 볶으며 지나온 숱한 밤들, 수많은 계절들은
엄마와 나의 기억 속에만 존재한다.

모든 게 엄마 덕이다.

내가 무슨 짓을 하더라도 믿어주고, 응원해주고,

"우리 하은이가 짱이지~"라고 소리쳐주는

우리의 김선미 씨가 있었기에 마냥 행복한 지금의 내가 있다.

나는 성공한 모범 사례도 아니고,

내 모습이 아이들이 추구해야 할 이상도 아니다.

엄마의 방식이 무조건 정답이라고 생각하지도 않는다.

세상에는 많은 육아법이 있고, 수없이 다양한 개성과 재능을 가진

아이들이 있기에 각자 다 다르게 키워야 하는 것이 맞다고 본다.

다만, 많은 걸 포기하고 가장 낮은 곳에서

가장 가난하고 무능력하고 소외되었을 때도

내 '엄마'로, 내 '누울자리'로 그 자리에 있어줘서 고마울 뿐이다.

나는 내가 좋다.

모든 아이들이 그랬으면 좋겠다.

아니, 그렇게 될 거라고 믿는다.

서툴지만 울며불며 나에 대한 사랑마저 '노력'했던 내 불량한 엄마처럼

포기하지 않고 애쓰는 엄마들이

지금도 이 땅에 수없이 많음을 아니까…

지 랄 발 랄 × 하 은 맘 의

불량육아

1판 1쇄 발행 2020년 5월 22일
1판 8쇄 발행 2024년 6월 19일

지은이 김선미

발행인 양원석
편집장 차선화
일러스트 안다연
영업마케팅 윤우성, 박소정, 이현주

펴낸 곳 ㈜알에이치코리아
주소 서울시 금천구 가산디지털2로 53, 20층 (가산동, 한라시그마밸리)
편집문의 02-6443-8861   **도서문의** 02-6443-8800
홈페이지 http://rhk.co.kr
등록 2004년 1월 15일 제2-3726호

ISBN 978-89-255-3678-1 (13370)